ACAMPANDO COM A GAROTADA

Dados Internacionais de Catalogação na Publicação (CIP)
(Câmara Brasileira do Livro, SP, Brasil)

Lettieri, Flávio.
Acampando com a garotada / Flávio Lettieri. – São Paulo:
Ícone, 1999.

ISBN 85-274-0571-7

1. Acampamentos – Administração 2. animação
recreacional 3. Jogos para acampantes 4. Lazer I. Título.

99-2746   CDD-796.54

Índices para catálogo sistemático:

1. Acampamentos: Vida ao ar livre: Esporte   796.54

FLÁVIO LETTIERI

ACAMPANDO COM A GAROTADA

© Copyright 1999.
Ícone Editora Ltda

Capa
Confiart Desenhos e Artes Gráficas Ltda

Diagramação
Rosicler Freitas Teodoro

Revisão
Antônio Carlos Tosta

Proibida a reprodução total ou parcial desta obra,
de qualquer forma ou meio eletrônico, mecânico,
inclusive através de processos xerográficos,
sem permissão expressa do editor
(Lei nº 5.988, 14/12/1973).

Todos os direitos reservados pela
ÍCONE EDITORA LTDA.
Rua das Palmeiras, 213 — Sta. Cecília
CEP 01226-010 — São Paulo — SP
Tels./Fax.: (011)3666-3095

ÍNDICE

CONSIDERAÇÕES INICIAIS
O que é acampamento? 7

INTRODUÇÃO 9

PARTE I   ANTES DE TUDO 11

CAPÍTULO 1   POR QUE ORGANIZAR UM ACAMPAMENTO? 13

CAPÍTULO 2   PARA QUE ORGANIZAR UM ACAMPAMENTO? 15

CAPÍTULO 3   PARA QUEM ORGANIZAR UM ACAMPAMENTO? 17

CAPÍTULO 4   ORGANIZANDO AS INSCRIÇÕES 17
                 Depois da tempestade, a calmaria 17
                 Período de inscrições 17
                 Ficha de acampante 19
                 Ficha do acampante 21
                 Autorizações 22

PARTE II   COMO ORGANIZAR UM ACAMPAMENTO 23
                 Os seis pontos básicos 23

CAPÍTULO 1   INDO PARA O ACAMPAMENTO 25
                 O transporte 25
                 Evite o atraso 26
                 Apresentação do ônibus 27
                 O tamanho do bagageiro 29
                 O motorista 29
                 Situações de emergência 31
                 Animação 32
                 Alguns cuidados especiais 33

CAPÍTULO 2   A VIDA NO ACAMPAMENTO 35
                 Infra-estrutura 35
                 Alojamentos 36
                 Refeitório 38
                 Banheiros 39
                 Telefone e transporte 39

CAPÍTULO 3   É HORA DE COMER 41
                 A alimentação 41
                 Balanceando a dieta 42
                 Higiene na cozinha 43
                 Eficiência ao servir 44
                 É hora de educar 44

CAPÍTULO 4	SAÚDE	47
	Prevenir para não precisar remediar	47
	Ficha médica	48
	Ficha de medicação	50
	Caixa de primeiros socorros	51
	Seguro-saúde	52
	Saúde global	52

CAPÍTULO 5	SEGURANÇA	55
	Atenção 24 horas por dia	55

PARTE III	O SEXTO PONTO: A PROGRAMAÇÃO	59

CAPÍTULO 1	CONHECENDO A PESSOA MAIS IMPORTANTE DO ACAMPAMENTO	59
	Quem é a pessoa mais importante do acampamento?	59
	E aí, tudo bem?	62
	Qual a idade dos acampantes?	63
	Os pequenos	64
	Os médios	66
	Os grandes	69
	O acampante problema	71

CAPÍTULO 2	APRESENTANDO O SUPER-HERÓI	75
	O monitor	75
	A alegria é contagiante	77
	O estar próximo	77
	O bom exemplo	79

CAPÍTULO 3	A UNIÃO FAZ A FORÇA	81
	A equipe de programação	81
	O trabalho em equipe	82
	As reuniões de planejamento	84

CAPÍTULO 4	MÃOS À OBRA	85
	Montando a programação	85
	Flexibilidade	86
	O gosto de quero mais	88
	Quebrando o gelo	88
	O free-time	89
	A volta à calma	90
	Refeições temáticas	91
	A fogueira	91
	As fofoquinhas	94
	De tudo um pouco	96

CAPÍTULO 5	BRINCANDO DE FAZER BRINCADEIRAS	101
	As atividades	101
	Definindo o tema	101
	Dimensionando a atividade	103
	Inventando as brincadeiras	105

PARTE IV	APÓS O ACAMPAMENTO	109

CONSIDERAÇÕES INICIAIS

O QUE É ACAMPAMENTO?

Talvez essa seja a questão mais polêmica e menos resolvida entre os atuais organizadores de acampamentos.

A diferença entre o que é acampamento e o que é acantonamento, além do próprio limite da expressão "acampamento organizado" são assuntos ainda não resolvidos em nossa literatura.

De acordo com o moderno Dicionário Michaelis:

* Acampamento — Ação de acampar, alojamento;
Lugar ocupado pela tropa ou turma de trabalhadores;
Arraial
Bivaque.

* Acampar — Estabelecer em campo;
Assentar arraial, estacionar, tomar assento ou lugar com intenção de demorar;
Habitar, morar, residir;
Empenhar-se em ação de, ou iniciar a ação de.

* Acantonamento — Ação ou ato de acantonar;
Acampamento provisório, para descanso ou espera do destino definido.

* Acantonar — Dispor ou distribuir (tropas) por cantões ou aldeias.

Na definição de Betty Lile: "Acampamento é uma experiência recreativa ao ar livre, que proporciona oportunidades especiais para educação e ajustamento social através da vida em grupo". De acordo com Gustavo Zipitria: "Acampamento organizado é um processo educativo que se desenvolve através da vida em grupo e ao ar livre", sendo que o conceito de "organizado" se refere à idéia de trabalho institucional.

Estaremos considerando neste trabalho que acampamento é toda ação de saída de um grupo organizado em busca do contato com a natureza, com propósitos educativos, e que serão alcançados através de atividades de lazer, dirigidas por um grupo responsável imbuído desse propósito.

Trataremos em especial de uma modalidade específica de acampamentos: aqueles realizados por instituições legalmente constituídas, em um local predeterminado e tendo nas crianças e adolescentes o seu público-alvo.

INTRODUÇÃO

Para quem gosta, realizar um grande acampamento é uma arte.

Para quem não gosta, uma tarefa impossível.

A arte de preparar bons acampamentos é difícil, cansativa, muitas vezes, sofrida.

Prepará-los bem é acreditar naquilo que está se fazendo.

Saber de sua importância.

Para ser esse artista, é necessário ficar feliz quando imagina uma brincadeira dando certo. Se emocionar quando pensa nas crianças aprendendo algo com você, simplesmente por estarem contagiadas por sua alegria.

Ser capaz de fechar os olhos e sentir o calor da fogueira ao seu lado.

É pensar no trabalho com amor.

Caso você se enquadre na descrição anterior, já tem meio caminho andado para se formar na "Escola das Artes de Acampamentos".

Você percorreu a primeira parte do caminho, através do coração e de seus sentimentos, de uma forma inexplicável. Talvez, você nem consiga compreender como aprendeu a gostar tanto desse negócio de acampar.

Na verdade, sem a caminhada realizada nos trilhos da emoção é impossível realizar a grande obra de arte.

Entretanto, ainda falta a outra metade do caminho. O restante deverá ser percorrido pelos ásperos trilhos da razão e do bom senso. Será necessária uma grande jornada pelo mundo da experiência para que você se torne um especialista e possa aprender os segredos e artimanhas da elaboração de um acampamento.

Entendê-los, modificá-los e aperfeiçoá-los, tornando-os coerentes e adaptados a cada acampamento que você projetar. Incrementá-los com a sua própria dose de criatividade.

Entretanto, ainda com todo o conhecimento, muitos passos serão errados e muitas falhas hão de ocorrer. Às vezes, pela falta, e outras, pelo excesso de experiência. Mas, se você gosta da arte de acampar, siga em frente, pois o caminho certo logo aparecerá, e novas verdades surgirão para que sejam descobertas por você.

BOA SORTE!

PARTE I- ANTES DE TUDO

CAPÍTULO 1
POR QUE ORGANIZAR UM ACAMPAMENTO?

Definir claramente os objetivos de um acampamento é dar a largada em direção ao seu sucesso.

Como em qualquer projeto, essa definição deve ser bastante precisa e o mais detalhada possível, procurando sempre dimensionar a relação entre o que se pretende e os recursos disponíveis

Quando pensamos no direcionamento das metas é necessário ter em mente a diferença entre o foco central de um acampamento e seus objetivos específicos.

Como foco central entendemos o objetivo maior, que está sempre ligado ao perfil do organizador ou à missão da instituição responsável.

É a partir do foco central que podemos imaginar o aspecto que o acampamento vai ter, ou seja, é de se esperar que um acampamento de uma igreja seja diferente daquele organizado por uma empresa de recreação, visto que os focos centrais são completamente diferenciados.

Entretanto, essas diferenças nem sempre são percebidas rapidamente, o que não quer dizer, todavia, que não existam.

Se, apesar de existir uma nítida diferença de foco central, os objetivos específicos forem semelhantes em dois acampamentos distintos, à primeira vista podemos confundi-los, pois, apesar de não terem o mesmo estilo, poderão ter semelhanças nas atividades desenvolvidas.

Podemos, então, definir os objetivos específicos como sendo aquilo que se pretende atingir através da realização de determinadas ações, planejadas para essa finalidade. Ou seja, quando um acampamento diz que pretende facilitar a integração de um grupo, possibilitar o contato com a natureza ou promover recreação está nos dizendo quais são os seus objetivos específicos.

Definir previamente esses objetivos é algo essencial para o sucesso do programa, pois é a própria diferença entre um trabalho metodológico e uma bagunça organizada.

CAPÍTULO 2
PARA QUE ORGANIZAR
UM ACAMPAMENTO?

Para se responder a essa questão é necessário dar um passo além da visão simplista do acampamento como forma de passar tempo para as crianças, férias para os pais ou forma do empresário ganhar dinheiro fácil. É lógico que, dependendo do foco central, qualquer um desses pode ser o motivo principal ou força-motriz de um acampamento.

Entretanto, deixar de enxergar as inúmeras possibilidades de realizações é, no mínimo, desperdício.

O trabalho de acampamento pode e deve ser entendido como uma grande ferramenta para a promoção do desenvolvimento global do indivíduo. Um veículo à serviço da educação de crianças e adolescentes. É o aprender, brincando.

Através de um acampamento bem planejado, é possível se desenvolver diversos trabalhos práticos nas áreas de Educação Ambiental, Artes Cênicas, Artes Plásticas, Educação Física, e outras áreas do conhecimento

Educação Física

Artes Cênicas   *Educação Ambiental*

Artes Plásticas

A convivência em grupo em um ambiente silvestre pode ser aproveitada para se incentivar a prática da cidadania, o respeito à natureza e ao próximo.

As atividades ao ar livre são de grande valor terapêutico para pessoas com problemas respiratórios e alérgicos.

O dia-a-dia longe de casa e da proteção da família é um grande estímulo para o desenvolvimento da capacidade de solucionar problemas e para o surgimento e despertar de lideranças. O relacionamento diário com pessoas de formações diferentes estimulam o sentido de ordem, limpeza e cuidado com os pertences.

Os grandes jogos estimulam o processo de competição e colaboração nas crianças, além de permitirem um trabalho de incentivo à honestidade.

E temos as brincadeiras que transmitem alegria e desenvolvem o lado positivo do espírito de aventura, sendo capazes de criar uma série de situações e oportunidades de lazer e aprendizagem para alguém que esteja realmente interessado em preparar indivíduos melhores para o futuro e, dessa forma, ajudar na construção de um mundo mais saudável.

CAPÍTULO 3
PARA QUEM ORGANIZAR
UM ACAMPAMENTO?

Ou em uma linguagem mais comercial: Qual é o público-alvo?

Aqui é o momento de definirmos com que grupo pretendemos trabalhar, sendo que, esta definição deve ir desde a faixa etária até o nível socioeconômico dos acampantes. Observamos que, cada vez mais, os grupos de acampantes estão mais específicos e variados. Antigamente, quando se falava em acampamento já se imaginava aquele grupo de crianças, com uniforme de escoteiros, indo para o meio do mato. Atualmente, os acampamentos para terceira idade, acampamentos de escolas de idiomas, acampamentos familiares, e outros acampamentos temáticos já aparecem freqüentemente como opções de lazer.

Independentemente do tipo de acampamento que pretendemos realizar, é fundamental que toda a equipe de programação saiba antecipadamente qual o perfil do grupo de acampantes e procure adequar as atividades e o atendimento para esse grupo, considerando sempre que um grupo de pessoas não se apresenta como um elemento estático, ao contrário, é um conjunto diversificado de pensamentos e idéias, onde cada pessoa anseia para que seja mantida a sua individualidade.

De qualquer forma, podemos afirmar seguramente que, como a organização dos objetivos, a definição do público alvo é um passo fundamental para o sucesso do acampamento.

CAPÍTULO 4
ORGANIZANDO AS INSCRIÇÕES

DEPOIS DA TEMPESTADE, A CALMARIA

Nada melhor, após aquele tenebroso período de procurar por acampantes, do que começar a receber as inscrições da garotada. É claro que, atingir as metas de número de acampantes não é uma simples questão de sorte. Uma divulgação eficiente e um bom planejamento de marketing são ingredientes necessários a esse sucesso.

E, juntamente com esse planejamento inicial, devemos ter a atenção voltada para o fato de que a organização das inscrições é muito importante para termos um bom acampamento, visto que ordená-las adequadamente pode facilitar bastante a administração do trabalho e a própria elaboração do programa.

Outro ponto importante a se considerar é a comodidade para os pais.

Facilitar o processo de inscrições é uma eficiente forma de satisfazer a sua clientela e garantir o seu retorno. Lembre-se de que, para se conseguir todas as informações úteis sobre os acampantes e fazer as inscrições não é necessário que os pais percam tempo com besteiras.

Assim procure desenvolver um sistema onde toda a burocracia necessária seja realizada no menor tempo possível, com eficiência.

PERÍODO DE INSCRIÇÕES

Quem trabalha com acampamentos sabe que não há tempo mais curto do que as 24 horas que antecedem a saída da turma.

Como se não bastassem os últimos arranjos do acampamento, os detalhes operacionais, o sono atrasado e uma série de outros pequenos detalhes, a equipe de trabalho tem que dar vários retoques na programação, pois, no dia anterior, todos os pais que haviam se esquecido, lembraram de fazer as inscrições para seus filhos.

Isto quando a inscrição não é feita em cima da hora, com o ônibus saindo.

Se você já teve esta experiência, sabe como isto é desastroso para um bom trabalho. Entretanto, infelizmente a idéia do deixar para amanhã o que se pode fazer hoje ainda é soberana em nossa cultura. Mas, de qualquer forma, uma coisa é certa: inscrições de última hora são reflexo da falta de planejamento em um acampamento.

Imagine que você possua um acampamento com estrutura para 100 crianças e que, como empresário, quer trabalhar com a lotação máxima, o que, obviamente, representa um maior faturamento. Você não estabelece um período para as inscrições, pois não pode deixar de atender àqueles acampantes de última hora, pois isso seria deixar de ganhar dinheiro.

Faltando uma semana para o acampamento, você só tem 20 acampantes inscritos. Será necessário gastar, ou melhor, investir em mais divulgação.

Há três dias do início, você tem 50 acampantes. A equipe, que já conhece o seu esquema, sabe que, certamente, vai entrar mais gente de última hora e prepara, então, uma programação em função de 70 possíveis acampantes. Isto significa dimensionar o número de atividades e quantos grupos haverão em cada brincadeira, preparar o material, fazer pistas, montar bases, cortar e colar papel, enfim, deixar tudo pronto.

Mas, você como grande empresário, fez uma grande campanha publicitária e conseguiu, na última hora, colocar 95 acampantes. Sabe o que isso significa?

Que, provavelmente, boa parte do trabalho realizado há três dias precisará ser refeito, para atender a essa nova e inesperada demanda. Sem contar que você terá que chamar mais alguns monitores de última hora e que estarão totalmente "por fora" do que está acontecendo.

Mas, o que representa um pouco a mais de trabalho, uma pequena queda na qualidade ou, até mesmo, uma equipe não muito coesa, diante da possibilidade de se obter lucros maiores?

A curto prazo, um maior faturamento. A longo prazo, a perda do seu público para os seus concorrentes que trabalham com um planejamento melhor.

O ideal é conseguir atingir as metas numéricas há, pelo menos, uma semana do acampamento. E, para isso, só há um jeito: planejamento.

Intensificar a divulgação desde o princípio, oferecer descontos especiais para aqueles que pagarem até uma determinada data e reforçar a idéia de que as vagas são limitadas, são alguns recursos que um acampamento pode utilizar para estimular que as inscrições sejam feitas dentro do período estabelecido.

Certamente, essas ações, além de diminuírem a tensão e o *stress* dos últimos dias, terão resultados positivos na qualidade do acampamento e, dessa forma, em sua política de marketing e seu resultado financeiro.

FICHA DE ACAMPANTE

A ficha de acampante é um material que tem por objetivo desenvolver um traçado geral do perfil do acampante. Mais do que isso, é um meio para que a equipe de monitores possa tentar identificar e conhecer os seus acampantes antes do acampamento.

Através de uma ficha bem formulada e preenchida corretamente, os monitores são capazes de orientar melhor a criança em suas necessidades, bem como solucionar possíveis problemas.

Para tanto, esse material deve conter informações sobre o comportamento da criança quando sozinha, junto à família e em seus grupos formais e informais, enfocando os aspectos psicológicos, as reações mais comuns frente a situações diversas, além dos hábitos e costumes da criança.

A complexidade e a quantidade de informações de uma ficha de acampante deve estar de acordo com a necessidade da equipe, sobretudo em função do tipo de programa que deverá ser realizado e do tipo de situações em que o acampante estará sendo colocado durante o acampamento. Isto quer dizer que as fichas de acampantes devem ser elaboradas de uma forma criteriosa, variando para cada acampamento e cada equipe de programa.

E, é obvio, todas as fichas devem ser lidas atenciosamente e com antecedência pela equipe de programa. Além disso, a cada momento em que o acampante apresente algum problema ou comportamento mais grave, devem ser utilizadas como material de consulta e referência antes da tomada de qualquer atitude.

A seguir damos um exemplo de um modelo básico e bastante simples, mas lembre-se de que cada acampamento requer a sua própria complexidade de ficha, em função de sua estrutura e seu programa.

FICHA DE ACAMPANTE

JÁ PARTICIPOU DE ACAMPAMENTOS?   SIM __   NÃO __

QUAIS? _____

SE COMPORTA BEM LONGE DOS PAIS?   SIM __   NÃO __

TEM IRMÃOS?   SIM __   NÃO __

QUANTOS E DE QUE SEXO? _____

TEM MUITOS AMIGOS?   SIM __   NÃO __

SE RELACIONA BEM EM GRUPO?   SIM __   NÃO __

APRESENTA PERFIL DE LIDERANÇA?   SIM __   NÃO __

TEM PROBLEMAS DE ALIMENTAÇÃO?   SIM __   NÃO __

O QUE NÃO GOSTA DE COMER? _____

DEVE SER ESTIMULADO(A) A COMER O QUE NÃO GOSTA?

      SIM __   NÃO __

PRATICA ESPORTES REGULARMENTE?   SIM __   NÃO __

QUAIS OS ESPORTES QUE MAIS GOSTA? _____

ASSISTE MUITO TELEVISÃO?   SIM __   NÃO __

QUANTAS HORAS POR DIA, EM MÉDIA? _____

GOSTA DE LER?   SIM __   NÃO __

QUAL A LITERATURA PREDILETA? _____

POSSUI TALENTOS ESPECIAIS?   SIM __   NÃO __

QUAL(IS)? _____

PERFIL PSICOLÓGICO DO ACAMPANTE

ASSINALE : M (muito)   R (razoável) P (pouco) N (nada)

NERVOSO __   TÍMIDO __   PRESTATIVO __   EMOTIVO __

APÁTICO __   EGOÍSTA __   ORGANIZADO __   RESPONSÁVEL __

AGRESSIVO __   CARINHOSO __   COMUNICATIVO __   HIPERATIVO __

OBSERVAÇÕES: _____

_____
Data, local e assinatura do responsável

FICHA DO ACAMPANTE

Esta é a ficha que deverá ser preenchida pelo próprio acampante e deve conter apenas uma informação: o que ele, ou ela, espera do acampamento.

O modelo ideal dessa ficha é uma folha de papel em branco e sem pauta, onde a criança possa escrever, desenhar, rabiscar etc. Enfim, a criança deverá ter a liberdade de se expressar da forma como achar mais conveniente e se sentir mais à vontade.

A grande importância dessa ficha é que, a partir dela, a equipe poderá adequar melhor a programação à expectativa média dos acampantes, bem como conhecê-los melhor.

FICHA DO ACAMPANTE

NOME: _____ IDADE: _____

O que você espera deste acampamento?

AUTORIZAÇÕES

Apesar dos pais, a essa altura, já terem preenchido e assinado a ficha de acampante e a ficha médica, é sempre importante se ter também uma autorização básica para viagens.

Para sua segurança e tranqüilidade, você não deve elaborar uma autorização nominal aos seus cuidados ou de qualquer outro membro da equipe, bem como definir que é uma viagem para o seu acampamento. A intenção desse procedimento não é fugir das responsabilidades, e sim dos aspectos burocráticos que possam vir a surgir com autorizações muito formais ou detalhadas.

Um bom modelo é aquele em que os pais simplesmente autorizam o filho menor a viajar desacompanhado, sem definir para onde e nem com quem.

Modelo de Autorização

Eu, _____ RG _____ CPF _____

Residente e domiciliado à _____

Cidade _____ Estado _____ ,

autorizo meu filho (menor) _____
a viajar desacompanhado.

_____
Data, local e assinatura do responsável

PARTE II - COMO ORGANIZAR UM ACAMPAMENTO

OS SEIS PONTOS BÁSICOS

Tecnicamente podemos dividir a preparação de um acampamento em seis pontos essenciais: infra-estrutura, transporte, alimentação, saúde, segurança e programação. Cada um desses pontos tem sua importância particular e atua de forma interdependente com os outros, de maneira que, falhas em qualquer um deles, podem representar o fracasso do acampamento como um todo.

Sabemos que, devido à sua complexidade, os organizadores de acampamentos têm a maior parte de sua atenção voltada para um único aspecto, a programação. Com isso, muitas vezes, acabam se esquecendo de que pequenos e irremediáveis problemas nos demais pontos podem acabar com toda a beleza e complexidade do acampamento.

O mais complicado da questão é que todos entendem e sabem disso, mas, na prática, muitos se esquecem, até por gostarem demais do que estão fazendo, enquanto elaboradores de brincadeiras.

A programação de um acampamento é algo que encanta e envolve. Quando se começa a arquitetar as atividades você sempre quer ir um pouco além e fazer melhor.

Por isso é bom que a programação seja feita por alguém que não precisa se preocupar muito com os outros itens do acampamento.

É importante trabalhar em equipe.

Propositadamente, vamos tratar a programação como o último ponto, não por ser mais ou menos importante que os demais, e sim por acreditarmos na importância dos demais como parte fundamental para o sucesso do programa em si.

CAPÍTULO 1
INDO PARA O ACAMPAMENTO...

O TRANSPORTE

Este é um ponto que deve ser planejado com antecedência e com muito cuidado. Precisamos nos lembrar de que temos dois tipos distintos de "clientes" em um acampamento. Primeiramente, as crianças, que, normalmente, não estão nem um pouco preocupadas com este aspecto. Para elas o importante é que o ônibus seja animado e que tenha bastante bagunça.

Entretanto, para o segundo cliente, o pai ou a mãe, a saída da criançada é um dos poucos momentos em que poderão ver de perto o trabalho do *staff* e a própria organização do acampamento.

Os pais não estarão acompanhando o acampamento de perto e só vão saber se as brincadeiras são boas ou se os monitores são bons através das crianças. Assim, é importante recordar que, a impressão sobre a saída para o acampamento pode ter um efeito mais decisivo sobre os pais do que essa narrativa das crianças.

É por aí que seu trabalho poderá estar sendo avaliado.

EVITE O ATRASO

Você marcou com a empresa para que o ônibus chegasse às 10:00 horas da manhã. Como sabe que sempre tem aquele pai que se atrasa, você marca com todos às 9:30. A criançada, que nem dormiu direito, ansiosa para ir acampar, acordou a família toda às 7:00, e quando faltarem quinze para as nove, já haverá um grupo de acampantes querendo saber tudo que vai ter no acampamento. Até aí tudo bem. Só que 10:00 horas e nada do ônibus. 10:30, nada ainda. Você pensa em ligar na agência, mas se lembra de que aos sábados ninguém trabalha por lá.

É claro, pois para pagar um pouco menos pela viagem você contratou uma empresa pequena, em que o ônibus passa a noite na casa do motorista. Às 10:45 você já está todo sem graça e tenta acalmar os pais, que já estão, há algum tempo, comentando sobre o pequeno incidente. Você pode até dizer que isto jamais aconteceu antes ou que deve ter sido algum pneu furado. Os pais podem até acreditar na sua história ou, se forem legais, não vão sugerir para que você telefone para a empresa, pois caso contrário ficaria muito complicado explicar a história toda. Onze, onze e meia. Nada. Você precisa dar um jeito, pois, realmente, o ônibus não vai chegar.

Talvez o final dessa história seja feliz e às onze e meia o ônibus chega. Após uma hora e meia de tensão, você suspira aliviado. No final deu tudo certo.

É, mas de qualquer forma, a primeira impressão não foi muito boa.

APRESENTAÇÃO DO ÔNIBUS

Vocês estão preparando um grande acampamento. Os mínimos detalhes estão sendo acertados. Você faz a cotação dos preços. Da última vez, devido a uma pequena economia, o programa teve um pequeno atraso de uma hora e meia. Sabendo disso você já decidiu: não vai gastar demais e nem de menos. Contrata uma empresa que parece boa, com um preço intermediário, e com a qual você falou várias vezes sobre a questão do horário. Tranqüilidade total.

Chegou o dia. As crianças ansiosas. Os pais um pouco apreensivos por entregarem os filhos aos cuidados de vocês. Mas, eles confiam no grupo e, além do mais, estão adorando a idéia de ficarem longe das crianças por alguns dias. Só estão um pouquinho preocupados.

Quinze minutos antes do horário previsto, o ônibus já está chegando. Sua primeira reação é um sorriso de conforto. Entretanto, após meio segundo o sorriso desaparece. Te mandaram um ônibus grande, com 44 lugares, conforme o combinado. Só que você não poderia esperar que o ônibus estivesse "caindo aos pedaços". Você está diante de um ônibus com a lataria meio amassada, a pintura totalmente gasta, os pneus ligeiramente carecas e o estofamento em péssimo estado. Ainda assim é melhor olhar para o ônibus do que para a cara daqueles pais que estavam só um pouco apreensivos há alguns instantes atrás.

Você embarca, então, com 40 crianças para o acampamento, ainda sem acreditar que os pais deixaram seus filhos te acompanharem naquele ônibus. Sai com os 40 e deixa pais, mães, avós, tios e até bichinhos de estimação preocupados em casa.

Uma coisa é certa. O telefone do acampamento vai tocar bastante quando vocês estiverem chegando.

E tudo isso devido a uma pequena falha: você não conhecia a empresa e não viu o ônibus com antecedência.

O TAMANHO DO BAGAGEIRO

Desta vez o ônibus será perfeito. Você já está totalmente vacinado contra os problemas. Afinal, já tem experiência e está decidido: vai contratar uma empresa boa e cara. Além do mais, para apagar a impressão ruim das vezes anteriores, você optou por um ônibus de luxo com banheiro, TV e frigobar. Não haverá do que se reclamar.

Ah, agora sim. O ônibus chegou no horário e... que ônibus bonito... Mas, para você, o ônibus não é surpresa. Afinal, você já o tinha visto desde a semana passada, quando foram te apresentar o contrato de locação. Você realmente usou o seu direito de cliente. Não é possível.

Quando o grupo é só alegria, você percebe algo que não poderia ter acontecido: como aquele ônibus é modelo luxo e usado normalmente para transporte de executivos ao trabalho, o bagageiro é minúsculo. Não cabe nem a metade das malas das crianças. Do *staff*, então, nem pensar.

Como pode? Logo você que sempre diz que uma das coisas que mais requer atenção é o momento de colocar as malas no ônibus.

Como você, sempre tão preocupado com o possível sumiço de uma mala na hora do embarque, pôde se esquecer de olhar se o bagageiro era grande o suficiente?

Agora não tem jeito. É colocar as malas dentro do ônibus, em cima do frigobar, dentro do banheiro, na frente da TV, e, principalmente, no colo da criançada.

E, infelizmente, ainda não foi desta vez que ficou a boa impressão.

O MOTORISTA

Você já percebeu que o importante não é necessariamente o preço que se paga pelo ônibus, e sim a atenção na hora de escolhê-lo.

Desta vez não tem erro. Você contratou uma empresa por um bom preço, o ônibus tem uma apresentação excelente, um bagageiro bem espaçoso e chega pontualmente no horário. Tudo perfeito. A saída foi bem tranqüila. Os pais até elogiaram. É, parece que desta vez, você acertou.

Mas, quando os monitores começam a cantar a musiquinha do "motorista olha o poste", você percebe que, além de estar passando muito próximo do poste, o motorista está correndo além do limite.

Como quem não quer nada e com toda a cautela, você começa a conversar com o sujeito. Papo vai, papo vem ele te conta que viajou a noite inteira com outro grupo de passageiros e nem sabia que estava escalado para este trabalho. Você precisa, então, viajar contando piadas para o motorista durante todo o percurso, para que ele não pegue no sono e não cause uma tragédia. Bom, pelo menos não está bêbado.

Ainda bem que você é uma pessoa consciente e sabe que estas coisas não são apenas questão de sorte. Planejamento é imprescindível.

SITUAÇÕES DE EMERGÊNCIA

Apesar de parecer que estamos fazendo brincadeiras sobre alguém muito azarado com a escolha de um ônibus, é importante lembrar que estas situações podem realmente acontecer.

Então, é muito importante poder contar com uma equipe de apoio bem preparada e capaz de manter a tranqüilidade nos momentos difíceis.

Além do bom planejamento, a capacidade de improviso e o chamado "jogo de cintura" nos momentos difíceis são qualidades fundamentais para alguém que trabalhe com acampamento.

Em situações de atraso ou até mesmo condições ruins do ônibus é muito importante que a equipe de monitores seja capaz de criar um ambiente agradável para crianças e pais, fazendo brincadeiras, contando histórias ou, simplesmente, cantando. Isto não vai resolver o problema inicial, porém deixará todo o grupo mais tranqüilo e, certamente, fará com que todos tenham mais confiança no trabalho da equipe e, conseqüentemente, na segurança das crianças.

É importante também que no ônibus sempre exista alguém com habilidade para os primeiros socorros básicos, além da caixinha de medicamentos.

ANIMAÇÃO

Em uma viagem comum basta que o ônibus seja confortável, pontual e seguro que já é suficiente. Em uma viagem para um acampamento esses pontos satisfazem apenas a alguns pais, menos avisados. O que a criançada quer mesmo é animação e divertimento. E, normalmente, são capazes disto. Seja com os monitores, seja sozinhos. No primeiro caso, cantarão, brincarão e se integrarão. No segundo, xingarão as pessoas que passam na rua, falarão palavrão e os mais espertinhos vão aprontar com os mais bobinhos.

O que tentamos dizer com isso é que é muito importante que o *staff* seja capaz de exercer liderança sobre o grupo desde a saída do ônibus, através de uma relação harmoniosa, em que as crianças respeitem os monitores pela admiração. Para isso a equipe deverá ser bem preparada e possuir recursos capazes de entreter as crianças e iniciar o processo de integração das mesmas, procurando fazer com que todas participem, porém sem forçar ninguém e sem se tornar chato.

Músicas de acampamento, principalmente aquelas que falem o nome das pessoas e envolvam todo o grupo são muito boas para esse momento.

Os jogos de desafios, com ou sem rimas, entre a turma da frente e a turma do fundo; as músicas com gestos simples; ou até mesmo as músicas do momento são grandes ferramentas para passar o tempo e entreter o grupo.

Dependendo da extensão do percurso e da própria habilidade do grupo de monitores, jogos de médio porte e organização de esquetes são bem interessantes durante a viagem.

De qualquer forma, independentemente das atividades utilizadas para a animação do ônibus, o que é realmente importante é que sejam criadas condições para que a criança possa se sentir cada vez mais segura com os monitores, tendo a expectativa de que terá um grande acampamento pela frente.

ALGUNS CUIDADOS ESPECIAIS

Em muitos momentos deste livro vamos insistir no fato de que pequenos detalhes podem destruir um grande trabalho de acampamento.

Como os monitores sabem da importância da animação no ônibus e gostam muito de fazê-la, às vezes se esquecem de que a viagem não é só animação, e é por isso que chamamos a atenção para alguns pequenos e importantes detalhes capazes de destruir um grande trabalho quando não observados:

1. Deixe sempre uma lista de endereços e telefones dos participantes com as pessoas responsáveis pela organização, tanto as que ficam como as que vão para o acampamento.

2. Fique atento para que as crianças estejam sempre em posição segura nos assentos. A posição segura é aquela que, caso haja uma leve colisão ou uma freada brusca, a criança não se machuque.

3. Cuidado com a janela. Não permita que as crianças coloquem o corpo para fora da janela. O melhor meio de agir é fazer com que entendam o motivo da proibição. Lembre-se de que proibições autoritárias não convencem ninguém.

4. Fique de olho no caminho. Afinal, nem sempre o motorista conhece o lugar, e é muito desagradável ficar perdido com um grupo de crianças, sobretudo, à noite.

5. Agora o mais importante: procure perceber como cada criança está se sentindo, principalmente aquelas mais tímidas. Não somente no ônibus, como durante todo o acampamento, existem duas coisas que o *staff* jamais pode se esquecer: primeiro, nem todo mundo tem o mesmo ritmo para brincar, a mesma animação e a mesma desinibição. Segundo, cada acampante deve ser visto como um ser único pelo monitor, pois cada pessoa é única para si mesma e, no nosso caso, também para seus pais, que não ficarão satisfeitos caso o bem-estar da criança não seja levado em consideração. Por isso,

dentro do ônibus, onde a criança mais tímida deverá estar se sentindo muito insegura, é importante que ela tenha uma atenção especial.

CAPÍTULO 2
A VIDA NO ACAMPAMENTO

INFRA-ESTRUTURA

Um lugar legal para se passar alguns dias no campo é algo que qualquer criança espera de um acampamento. Muito verde, som de pássaros, cheiro de vegetação, pouco barulho, área de lazer e também condições básicas de sobrevivência nesse meio de mato. Talvez esse nem seja um desejo consciente da criança, que está, normalmente, mais preocupada com as brincadeiras e com a diversão. Mas, é óbvio, um acampamento limpo, com boas condições de higiene, e, sobretudo, bonito é sentido pelas crianças como muito melhor, sendo que essa percepção acaba se refletindo no próprio entusiasmo com que participa das atividades.

Não estamos falando aqui em se ter, necessariamente, cavalos, camas elásticas, *jet skis* ou outros equipamentos sofisticados, que são sempre interessantes. Estamos falando em infra-estrutura básica, condições para que a pessoa realize suas necessidades primárias com conforto.

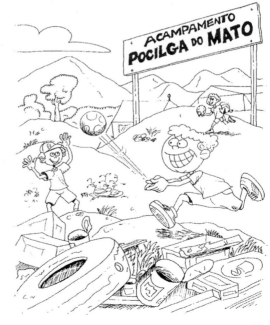

É claro que, o conceito de conforto é muito relativo e varia de pessoa para pessoa. Enquanto alguns dormem tranqüilamente em cimento duro, outros só conseguem dormir se usarem travesseiros de plumas. Cabe, então, à organização do acampamento adequar sua condição de atendimento em função do público que está atingindo.

O importante aqui não é estabelecer qual a melhor ou mesmo qual a condição básica de infra-estrutura para cada público. A nossa intenção é chamar a atenção para a importância de se priorizar essa questão durante o planejamento de um acampamento.

ALOJAMENTOS

Fulano Y é o típico acampante. Filho único de família bem sucedida, tem seu próprio quarto onde faz sua bagunça, que depois a empregada arruma, e onde é o senhor absoluto.

Quando o jovem Fulaninho chega ao acampamento ele é informado que vai ficar no chalé X. O menino, que nunca foi ao acampamento, fica muito curioso. Sabendo que terá que dividir o quarto com alguns colegas, que, a propósito, nunca viu antes, cria uma grande expectativa. Como será o meu quarto? Será que o pessoal é legal? Será que é muito escuro?

Estas são algumas das muitas questões que passam pela cabeça de uma criança neste rápido momento que antecede a chegada ao alojamento. E, certamente, juntamente com essas questões, aparece uma sensação mista de ansiedade, empolgação, curiosidade e insegurança.

Imagine agora o Fulaninho chegando em um quarto espaçoso, bem iluminado, de cores claras, camas confortáveis e acompanhado por um monitor sorridente e brincalhão. Enfim, um ambiente que transmita segurança para a criança.

Podemos ainda imaginar o pobre Fulaninho chegando em um alojamento diferente. Camas escuras e com pouco espaço entre si, contendo colchões cheirando a mofo, em um ambiente com pouca luz. Por mais sorridente e bem disposto que o pobre do monitor seja, a sensação aqui é bem diferente da anterior.

Não queremos dizer que o chalé de um acampamento deva ser decorado de forma elegante e revestido em luxo. Pelo contrário, quanto maior a sensação natural e campestre que o ambiente transmitir, melhor.

O que estamos afirmando é, seja em um alojamento para 4, 40 ou 400 pessoas, o ambiente deve transmitir segurança e conforto para o acampante.

REFEITÓRIO

Outro aspecto a ser considerado é o local da alimentação, visto que um refeitório limpo e confortável cria uma importante condição de bem-estar a todos

A existência de um local agradável e adequado para se comer não é necessário apenas como ponto de referência, é importante como fator educativo.

Para muitas crianças, a oportunidade de se sentar à mesa e compartilhar a comida com um grupo é uma experiência inédita. A educação das crianças para a prática da cidadania pode e deve ser feita durante as refeições de um acampamento. As noções de higiene também podem ser abordadas nesse momento.

Lembre-se de que os acampamentos sobrevivem da lembrança dos seus acampantes. O chalé e o refeitório são dois locais que as crianças não se esquecem, pois estão diretamente ligados às suas necessidades mais básicas.

BANHEIROS

Realmente é muito desagradável resolver o problema de uma dor de barriga em um sanitário sujo. Ou ainda ter que esperar uma hora para tomar banho porque os chuveiros são poucos para o grande número de pessoas. Se considerarmos que a maioria das pessoas tem dificuldades para ir ao banheiro quando estão fora de casa e que muitas crianças não gostam muito de tomar banho, fica claro que um banheiro amplo, confortável e bastante limpo faz parte de um bom acampamento.

Como em qualquer lugar, o banheiro do acampamento é um cartão de visitas e sua conservação é essencial.

Quando pensamos nos acampamentos que possuem vestiários comunitários, onde todos tomam banho juntos, devemos considerar o papel fundamental que os monitores têm na administração desse espaço.

Mais do que organizar o banho, os monitores devem agir como educadores e orientadores, ensinando as crianças como fazer uma higiene correta e estando muito atentos a qualquer situação de constrangimento para algum acampante.

Essa atenção é importante para evitar problemas decorrentes da curiosidade natural das crianças, no que se relaciona à sexualidade, bem como situações de embaraço decorrentes de vergonha ou complexos.

TELEFONE E TRANSPORTE

São duas coisas que não podem jamais faltar em um acampamento. A idéia de que um acampamento deva ser um local rústico não está certa ou errada por si só. O erro está nas interpretações absurdas desse pensamento. Não podemos confundir rústico com selvagem.

Telefone e transporte, além de serem fatores essenciais para a segurança do local são uma forma de manter os pais mais tranqüilos. Só o fato de saber que existe telefone no acampamento já tira uma boa parte da ansiedade dos pais.

Muitas vezes, o *staff* encontra dificuldades com a organização do uso do telefone, no que diz respeito a conciliar as ligações dos pais com os horários da programação para as crianças. Nesse caso o melhor jeito é ter um horário definido para as crianças receberem e fazerem suas ligações.

CAPÍTULO 3
É HORA DE COMER

A ALIMENTAÇÃO

Quando a criança retorna de um acampamento existem algumas perguntas que os pais sempre fazem. A primeira delas é: Gostou? Depois dessa pergunta vem aquela de sempre: A comida era boa? Uma resposta positiva a essa pergunta pode ser o passaporte para um futuro retorno. Entretanto, uma resposta negativa é a certeza de que a criança não acampa mais com vocês. Para a maioria das mães, nessa hora não importa muito se as brincadeiras foram criativas ou se monitores foram engraçados, o que interessa para ela é se o seu filho comeu bem ou passou fome.

Aqui devemos tomar dois cuidados importantes. Primeiramente a comida deve ser gostosa, com um tempero bom, e, se possível, com jeito de comida de fazenda, afinal de contas estamos em um acampamento. Entretanto, apenas isso não basta. É muito importante que exista fartura de comida. A criança deve poder repetir se quiser, inclusive a sobremesa. É claro que não devemos estimular comportamentos gulosos e exagerados das crianças, mas jamais deixar a criança ficar com vontade. Não tenha dúvida de que se

as crianças disserem que no seu acampamento não se podia comer à vontade, você deu um grande ponto para o seu concorrente.

BALANCEANDO A DIETA

Se a segunda pergunta que a mãe faz quando o filho volta para casa é sobre a comida, a mãe cuidadosa sempre pergunta quantas vezes o filho foi ao banheiro. Se a criança está voltando de um acampamento de uma semana ou mais e não fez uma paradinha obrigatória no toalete, a coisa é grave.

Para evitar esse problema procure organizar seu cardápio de forma balanceada, incluindo frutas e verduras nas refeições e, se possível, peça assessoria a um profissional especializado.

Lembre-se de que comida gostosa não é apenas chocolate e doces. É possível fazer deliciosas comidas caseiras que são nutritivas e balanceadas. Além do mais, é muito bom estimular as crianças a comerem frutas e verduras. Certamente, os pais vão te agradecer.

HIGIENE NA COZINHA

Dizem que pior do que encontrar uma barata no prato, é encontrar apenas meia barata.

Em acampamentos, a proximidade do mato favorece ao aparecimento de animais, principalmente insetos na cozinha. Dessa forma, um pouco mais de cuidado e atenção na preparação da comida é sempre bom para evitar situações embaraçosas com as crianças, que não costumam fazer questão de disfarçar situações como a citada.

Assim, procure ter sempre alguém atento a detalhes como a lavagem de frutas e verduras, a procedência dos alimentos, a limpeza de louças e talheres e ao processo de preparação dos pratos.

Não vamos nem discutir a limpeza do ambiente, pois isso é óbvio. Agora, já que você quer fazer um grande acampamento e pretende evitar problemas solicite à equipe da cozinha que trabalhe de cabelos presos. Não custa nada e faz uma boa diferença.

EFICIÊNCIA AO SERVIR

Você pode ter contratado a melhor equipe de cozinheiras do mundo, mas se o que ela tem de boa para cozinhar ela tiver de lenta para servir não adianta nada. São poucas as comidas que depois de prontas continuam boas quando esfriam.

Se você está organizando um acampamento para mais de 50 pessoas e não tem um serviço eficiente de distribuição da comida, quando os últimos forem comer os primeiros já estarão na sobremesa.

Uma análise da melhor forma de servir a comida deve considerar o número de pessoas que comem e que servem, a disposição do refeitório e a faixa etária dos acampantes. Portanto, não há uma forma definitiva. O importante aqui é que se preste atenção no seu caso em especial, e a partir daí você planeje a forma mais eficiente de atendimento na cozinha.

É HORA DE EDUCAR

Se você acredita na importância do acampamento como meio de educação e pretende utilizá-lo para esse fim, não desperdice a hora da comida.

Sem dúvida, esse é um dos momentos mais ricos de um acampamento para quem quer transmitir alguns importantes conceitos para as crianças.

Você pode falar sobre higiene.

Você pode falar sobre fome e desperdício.

Você pode falar sobre o meio ambiente.

Você pode falar sobre comportamento à mesa.

Você pode falar sobre coletividade.
Você pode falar sobre tudo aquilo que você considera importante enquanto educador.
Você pode não falar nada, pois o próprio contexto já fala por si mesmo.

CAPÍTULO 4
SAÚDE

PREVENIR PARA NÃO PRECISAR REMEDIAR

O ritmo intenso de atividades em um acampamento somado ao *stress* emocional decorrente da mudança de ambiente são fatores que tendem a abaixar a resistência física do organismo, deixando o corpo mais suscetível a distúrbios de saúde.

Na prática, observamos que pequenos mal-estares como febre, dor de garganta e dor de cabeça têm seus índices aumentados durante os acampamentos. Muitas crianças fortes e saudáveis, que não costumam ficar doentes em casa, após o terceiro dia de acampamento, começam a reclamar com dor e febre, principalmente à noite. Também é muito comum que crianças cheguem ao acampamento com algum problema de saúde e melhorem com as brincadeiras, demonstrado que o fator emocional tem forte influência sobre o bem-estar físico.

Por isso, precisamos nos preparar para essas situações quando planejamos um acampamento.

Esse planejamento para as questões de saúde deve visar não somente os tratamentos e prestação de socorro como também os métodos para se evitar ou minimizar tais problemas.

Quando preparamos uma programação devemos sempre dimensionar se as brincadeiras estão de acordo com as condições climáticas, se há um período suficiente de descanso e se o ritmo das atividades estão de acordo com a resistência física dos acampantes.

Verificar se as crianças estão devidamente agasalhadas, se estão se alimentando direito, se não pegam corrente de ar após o banho e se estão indo regularmente ao banheiro são pequenos cuidados preventivos que os monitores devem ter para evitar posteriores problemas de saúde dos acampantes.

FICHA MÉDICA

Dentre as importantes medidas de prevenção e cuidado com a saúde está a ficha médica do acampante, que deve ser preenchida e assinada com antecedência pelos responsáveis e conter as informações básicas sobre o perfil de saúde da criança. Alergias diversas e a medicamentos, um breve histórico familiar, informações sobre convênios médicos, hospitais e telefones para contato e, se necessário, alguma autorização especial.

Essa ficha deve ser detalhada o suficiente para que, caso a criança apresente algum mal-estar, o médico ou pessoa responsável no acampamento tenha uma referência inicial para diagnóstico e procedimento.

É fundamental que estas fichas sejam avaliadas e as anotações sejam feitas, antes da saída do acampamento, para que qualquer dúvida seja esclarecida junto aos pais, ou até mesmo, dependendo da gravidade do problema, seja cancelada a ida do acampante.

A seguir sugerimos um modelo de ficha médica. Entretanto este não deve ser visto como um modelo definitivo. Ao contrário, o modelo da ficha médica deve se adequar à realidade e às necessidades de cada acampamento, em função dos tipos de riscos que envolvem o local e a própria distância do mesmo a um centro de atendimento médico. Assim, o ideal é que a pessoa responsável pela saúde no acampamento desenvolva a sua própria ficha médica, adequando-a à sua necessidade.

MODELO DE FICHA MÉDICA

POSSUI ALGUM TIPO DE DOENÇA CRÔNICA? QUAIS?

ESTÁ COM ALGUMA DOENÇA OU INFECÇÃO NO MOMENTO? QUAIS?

ESTÁ TOMANDO ALGUM TIPO DE MEDICAMENTO? QUAL A DOSAGEM? _____

ALGUMA RECOMENDAÇÃO MÉDICA? QUAL?

POSSUI ALGUMA ALERGIA? QUAL?

EM CASO DE URGÊNCIA, COM QUEM PODEMOS ENTRAR EM CONTATO? TELEFONE?

POSSUI CONVÊNIO MÉDICO? QUAL HOSPITAL DEVE SER PROCURADO EM CASO DE EMERGÊNCIA?

Em caso de ferimento que, a critério médico, requeira a aplicação de soro ou reforço antitetânico, V. Sa. concorda com esse procedimento?

SIM __   NÃO __

_____

LOCAL E DATA

_____

Assinatura do pai ou responsável

FICHA DE MEDICAÇÃO

A partir da ficha médica e do seu acompanhamento durante o acampamento é interessante que se elabore uma ficha de medicação, que tem como finalidade, facilitar o tratamento e a distribuição dos remédios quando o grupo de acampantes é muito grande. Durante as brincadeiras e outras atividades em que o grupo está disperso fica muito difícil localizar criança por criança para dar remédio. Assim, o ideal é se ministrar a medicação antes ou depois das refeições, visto que o grupo estará reunido neste momento. É claro que tanto a medicação quanto seus horários deverão ser sempre estipulados por um profissional de saúde, de maneira que só deverá ser ministrada às refeições se isso não vier a comprometer a eficiência do tratamento.

De qualquer forma, a utilização da ficha de medicação impede que seja esquecido algum remédio, além de facilitar o tratamento.

Para isso, a ficha deve conter informações como o nome da criança em tratamento, seu quarto ou chalé, os remédios que está tomando, a dosagem, o horário ou ainda outras que venham a ser importantes para o seu acampamento.

Como normalmente, devido à sua praticidade, essa ficha se torna mais utilizada no dia-a-dia do que a própria ficha médica é muito importante que se tenha o cuidado de verificar, após a adição na ficha de controle de cada criança para tratamento, se a criança não tem qualquer alergia à medicação a ser ministrada.

FICHA DE MEDICAÇÃO (modelo)

Nº	NOME	IDADE	CHALÉ	MEDICAÇÃO	DOSAGEM	HORÁRIOS	INÍCIO	FIM	Verif. de Alergias
01	Cibele S.	11	06	AAS infantil	2 comprimidos	às refeições (3)	18/01	20/01	OK
02	Paulo P.	13	04	Gelol	Fricção	à noite	19/01	...	OK
03	Ricardo J.	07	12	Novalgina	15 gotas	de 08 em 08 h.	19/01	20/01	OK
04	Webster L.	08	12	Benalet	1 pastilha	às refeições	20/01	27/01	OK
05									
06									
07									
08									
09									
10									

CAIXA DE PRIMEIROS SOCORROS

Este deve ser o primeiro item das compras de material para um acampamento. Mais do que importante, a presença de um remédio pode significar a diferença entre a vida e a morte de uma pessoa. Isto pode parecer exagerado, mas se pensarmos em um acampamento de difícil acesso, essa é uma hipótese bastante provável. Além disso, é uma questão de tranqüilidade. Tendo em mãos alguns medicamentos básicos, prescritos por um médico, você não precisa ficar saindo para ir à farmácia sempre que aparecer uma criança doente.

A seguir damos uma relação de algumas perturbações de saúde comuns em acampamentos com crianças e adolescentes.

Dor de garganta	Tosse	Febre	Diarréia	Prisão de ventre
Dor de cabeça	Vômitos	Enjôos	Cólicas	Resfriados
Dor de ouvido	Irritação nos olhos			

Além disso precisamos lembrar dos esfolamentos, cortes, fraturas, hemorragias, queimaduras, insolações, torções, hematomas, edemas, espinhos, picadas de insetos, alergias etc...

Mas, não é preciso ficar assustado com tantos possíveis problemas. Alguns remédios comuns têm indicações múltiplas e uma pequena caixa de medicamentos pode resolver o assunto. O mais importante é que haja assessoria e acompanhamento de uma pessoa competente no assunto.

Da mesma forma que não vale nada possuir um computador se não sabemos mexer em seus programas ou termos um carro supermoderno que ninguém sabe dirigir, não adianta nada termos as informações sobre a saúde e os remédios indicados se não sabemos como administrá-los.

Para isso existem os profissionais da área de saúde. Pessoas que estudaram e se aperfeiçoaram para atender aos doentes, e que não podem ser substituídas por qualquer "achólogo", principalmente quando falamos da saúde de crianças que nos foram confiadas para um acampamento.

Temos a consciência de que, apesar de ser essencial, nem sempre é possível que se tenha um médico acompanhando o acampamento as 24 horas de cada dia. De qualquer forma, é totalmente imprescindível que durante um acampamento sempre exista alguém bastante capacitado a prestar primeiros socorros, acompanhar de forma consciente a administração de medicamentos e possuir um veículo para transportar pessoas em situações de emergência. Essa pessoa não deve todavia prescrever medicamentos, visto que esta ação é de competência exclusiva dos médicos.

SEGURO-SAÚDE

Se você quer ficar bem seguro com relação à saúde, faça um seguro-saúde.

As empresas que fornecem este tipo de serviço são cada vez mais numerosas e com condições razoáveis. Com uma boa negociação você pode conseguir preços que, embutidos no valor do acampamento, ficam bem disfarçados.

Não se esqueça de que, oferecer um acampamento onde todas as crianças têm a saúde segurada é um grande diferencial na hora em que você estiver vendendo o seu programa, além de transmitir mais segurança aos pais e dar maior credibilidade ao seu trabalho.

SAÚDE GLOBAL

Até aqui abordamos, de forma simplificada, alguns tópicos básicos sobre saúde, prevenção e tratamento de desconfortos físicos em acampamentos.

Entretanto, para encerrar este assunto é preciso fazer uma consideração final sobre o conceito de saúde.

A saúde não pode ser entendida simplesmente como a ausência da doença. Tampouco, deve ser vista apenas como a presença de um corpo forte, esbelto e saudável.

Com o desenvolvimento do pensamento humano e a visão holística do indivíduo, cada vez mais o homem vem sendo definido como uma interação entre seu corpo, sua alma e sua mente.

O bem-estar do indivíduo está então associado ao perfeito funcionamento e equilíbrio dessas três instâncias do ser.

Assim, o conceito de saúde precisa ir além da idéia do conforto físico. Um indivíduo verdadeiramente saudável é aquele que goza de um corpo são, uma mente sã e uma alma tranqüila.

Dessa forma, estar preocupado com a saúde das crianças em um acampamento significa mais do que se preocupar com os remédios ou com os cuidados preventivos. Cuidar da saúde é promover condições para que a criança possa se desenvolver em sua plenitude, estar em harmonia com o grupo e consigo mesma e ser capaz de se sentir feliz por estar brincando.

CAPÍTULO 5
SEGURANÇA

ATENÇÃO 24 HORAS POR DIA

Em hipótese alguma poderíamos escrever um livro sobre acampamento sem dedicar um pequeno capítulo à questão da segurança.

Estar responsável pelos filhos dos outros é um compromisso que exige uma atenção redobrada, sobretudo se vocês estão longe da cidade e em um local em que você não saiba ao certo quem vive pelas redondezas.

Muitas vezes, os acampamentos são grandes áreas de lazer que se localizam em regiões retiradas da cidade, onde vivem pessoas de baixa renda. Dessa forma, é claro que a infra-estrutura de um acampamento nessas condições é algo muito além da realidade de vida das pessoas da região em volta.

Devido à necessidade, algumas pessoas do local se tornam funcionárias do acampamento. E isto tem como ponto positivo a criação de empregos e circulação de dinheiro na comunidade local.

Entretanto, juntamente com o dinheiro, circulam também as fofocas e as informações a respeito de tudo o que se passa no acampamento, o que pode ser bastante perigoso.

Em qualquer lugar do mundo existem pessoas mal intencionadas e sem escrúpulos. E, talvez, próximo ao seu acampamento existam pessoas assim.

A intenção aqui não é deixar ninguém preocupado. Porém, devemos estar atentos a esses possíveis problemas e criar condições para que contratempos dessa ordem não venham a prejudicar o bom andamento de nosso programa.

Medidas simples como uma boa portaria para controle de fluxo e um bom sistema de comunicação interno e externo podem fazer grandes diferenças.

É claro que a dimensão desses riscos vai depender da estrutura e localização de cada acampamento. Cabe, então, ao responsável fazer esta análise e verificar qual a necessidade real de cuidados com esse tipo de segurança.

De qualquer forma, essa é uma necessidade que vale a pena ser sempre superestimada, visto que a negligência nesse aspecto pode gerar problemas bastante graves.

Além disso, precisamos atentar para o fato de que o conceito de segurança não se relaciona apenas com a prevenção de roubos, furtos ou seqüestro.

Citamos, então, algumas situações:

 Segurança em equipamentos aquáticos, como piscinas, lagos, represas etc... Manter de plantão alguém especializado em salvamento não é apenas algo importante, é uma obrigação que cabe a um acampamento sério. Lembramos ainda que o Salva-Vidas ou monitor responsável deve estar sempre atento aos possíveis afogamentos bem como criar e fazer valer um código de segurança com relação a brincadeiras e atitudes dos acampantes que possam criar situações de risco.

 Segurança nas atividades. Esse é outro ponto fundamental para uma boa programação de acampamentos. Os jogos e brincadeiras planejadas devem estar sempre adequados à estrutura espacial do local onde serão realizados. Por exemplo, organizar um jogo de "queimada" para acampantes entre 10 e 14 anos, colocando 10 crianças em cada time, utilizando uma bola pesada, em uma quadra de 10m x 5m, é assinar um atestado de loucura ou irresponsabilidade. Afinal, nessas condições, é bem possível que alguém se machuque. Lembre-se sempre de que uma atividade só pode ser considerada boa se ela prever as condições básicas de segurança do grupo.

 Segurança nos esportes radicais. Todo e qualquer um dos chamados esportes radicais tem como preceito básico as normas de segurança próprias da modalidade. Não há dúvida de que essas atividades são uma boa opção de lazer para seu acampamento, entretanto, devemos estar atentos para o fato de que o monitoramento dessas atividades deve ser feito, apenas, por pessoal comprovadamente especializado e com equipamentos testados e revisados. Nesses esportes não se pode aceitar o mais ou menos seguro. Se você não tem 100% de certeza com relação à segurança, evite o risco.

Segurança nas instalações elétricas. Você tem certeza de que a fiação de seu equipamento está 100% em ordem? Você tem certeza de que há um aterramento correto em toda a sua instalação elétrica? Você possui um bom pára-raios? Há algum ponto por onde passa corrente elétrica exposto ao acesso de crianças? Se você tem alguma dúvida sobre essas questões acima ou qualquer outra que envolva a sua instalação elétrica, procure orientação de um técnico especializado. Afinal, um choque levado por um acampante pode acabar acarretando em um "verdadeiro choque" na imagem de seu acampamento.

PARTE III - O SEXTO PONTO: A PROGRAMAÇÃO

CAPÍTULO 1
CONHECENDO A PESSOA MAIS IMPORTANTE DO ACAMPAMENTO

QUEM É A PESSOA MAIS IMPORTANTE DO ACAMPAMENTO?

É claro que a pessoa mais importante em um acampamento é o acampante. Ele é a razão de tudo ali estar acontecendo. Tudo gira em função de atendê-lo bem. Afinal, é necessário que ele se sinta feliz.

Esta afirmação parece óbvia demais. E na verdade é.

Entretanto, o que observamos na prática é que, muitas vezes, durante a preparação de um acampamento a equipe de programação se esquece desse detalhe.

Se você já participou de um acampamento procure se lembrar o que te parecia mais agradável: dar aqueles pequenos sustos na criançada após uma história de terror ou acordar às 3:00 horas da manhã para dar remédio para um acampante?

Se você pensar um pouco vai perceber que as brincadeiras costumam ser muito mais divertidas para monitores do que para as crianças. É muito melhor ficar escondido do que procurando. É mais divertido fugir do que ser o pegador. É muito mais legal ganhar do que perder. E é muito bom poder ter o controle do resultado da brincadeira.

Enfim, quase sempre o monitor leva a vantagem.

Não que isso seja ruim. Na verdade, tem que ser assim. O monitor também precisa se divertir, curtir a brincadeira. Correr, fugir, se esconder, e estar tão ou mais entusiasmado do que as crianças é fundamental.

Porém, o que não pode ser esquecido é que o acampamento está sendo feito para atender à sua clientela, os acampantes. A programação das atividades deve estar sempre de acordo com os interesses de seu público. Os acampantes precisam gostar de brincar.

Se você estiver com um grupo de crianças de três ou quatro anos possivelmente eles vão adorar construir casinhas e bonecos com massa de modelar. Apesar de você achar mais interessante brincar de caça ao tesouro, este é o momento ideal para que você aprenda a gostar de massinha.

Aqui podemos perceber a importância da ficha do acampante. Às vezes, a expectativa do novo grupo pode não coincidir com a sua. Ou até mesmo com a do grupo anterior, que parecia ser igual a este. Flexibilidade e criatividade são as palavras-chave para se fazer uma grande programação para qualquer grupo.

É claro que, quando se trata de um grupo grande, é muito difícil que todas as atividades sejam consideradas excelentes por todas as crianças. Na verdade, você nem precisa ser tão exigente com o seu trabalho. O importante é que, na média, o programa seja bom para todos.

Quando se pretende realizar um grande acampamento, seja para que você tenha acampantes garantidos na próxima temporada, seja para se ter a satisfação de realizar um bom trabalho, é muito importante que se conheça de antemão a expectativa das crianças. Este é um recurso muito útil à equipe de programação.

Entretanto, apenas isso não é suficiente. Precisamos fazer algumas importantes considerações a respeito de quem são, de maneira geral, os nossos acampantes, visto que isto pode ser muito valioso na hora de tomarmos decisões ou solucionarmos problemas.

☺ Provavelmente, o seu acampante é alguém que quer se divertir. Por isso vai a um acampamento. Promover condições para sua diversão é uma obrigação da equipe de monitores. Isto não quer dizer brincar o tempo todo, afinal nem sempre diversão é sinônimo de movimento.

☺ Ele está pagando por esse serviço, e não importa se o valor que paga é muito ou pouco, ou ainda, o que ou quanto você recebe por esse trabalho. Ele é o cliente, enquanto consumidor, merece ser bem atendido.

☺ Assim como qualquer ser humano, gosta de ser tratado com respeito, independente da idade que tem.

☺ Tal como você, possui fraquezas e limitações, e, nem sempre, é um superatleta, mas estas coisas não devem impedir que se sinta bem e aproveite plenamente o acampamento.

☺ São filhos de alguém que confiou no trabalho de sua equipe, e que pode ter reações muito particulares e inesperadas quando essa confiança não é correspondida.

E AÍ, TUDO BEM?

Esta é uma pergunta para ser feita constantemente durante o seu acampamento.

Mais do que simples educação, essa gentileza com o seu acampante é um excelente termômetro para você medir a temperatura do seu trabalho. Saber o que a criança está sentindo, como está a sua saúde e a quantas anda a sua motivação.

A pergunta em si nem é o mais importante. O que vale aqui é sua sensibilidade para interpretar a resposta. Perceber quando um "tudo bem" representa um verdadeiro bem-estar ou uma simples formalidade da educação.

Além da boa percepção, você precisa contar com aquela dose especial de criatividade para contornar qualquer situação negativa. Neste caso, é necessário ganhar a criança novamente. Lembrá-la de que você é o amigo capaz de resolver qualquer problema.
E tome cuidado. Um acampante pode estar descontente apenas por ser uma criança difícil, como se costuma rotular. Mas, pode ser também que faça parte de um grupo de crianças descontentes com a sua programação ou, até mesmo, com as atitudes da equipe de monitores. O problema então é mais grave e a flexibilidade da equipe será fundamental para resolver a questão.

QUAL A IDADE DOS ACAMPANTES?

Se esta pergunta não for feita antes do início da preparação do programa você está condenado a fazer um trabalho fraco. Somente a sorte vai ser capaz de te ajudar a sair dessa situação.

Saber, dimensionar e adequar a faixa etária ao programa é um passo imprescindível para o sucesso do mesmo. Não se pode imaginar que as brincadeiras ou a própria programação organizada para um grupo de jovens vão ter o mesmo resultado com crianças de sete anos. Isto é incompatível com qualquer estudo sobre o desenvolvimento psicomotor do ser humano.

Muitos acampamentos grandes trabalham com uma

faixa etária bastante ampla em cada uma de suas temporadas. Isto não quer dizer, necessariamente, que o programa não poderá ser bom, ou que as brincadeiras serão sempre inadequadas ao grupo. De forma alguma. Desde que a equipe de programadores seja capaz de criar atividades que estejam de acordo com cada segmento etário, o programa tem tudo para dar certo.

O que tem que ficar claro aqui é que existem atividades que são próprias e exclusivas para um grupo, enquanto outras se encaixam apenas em outra faixa etária. Confundir isso é comprometer a qualidade do acampamento.

Trataremos aqui as faixas etárias como pequenos, médios e grandes sem, todavia, definirmos a idade exata de cada grupo. Isto acontece porque o desenvolvimento da criança não é algo estático, e varia de indivíduo para indivíduo.

Fatores como o ritmo de vida da criança, a escola em que estuda, a condição socioeconômica, o nível intelectual dos pais, e até a religião da família, são determinantes para esse desenvolvimento.

Devemos considerar ainda que, com o atual avanço tecnológico e a velocidade com que as informações são transmitidas, as crianças e jovens vêm demonstrando, cada vez mais, um amadurecimento intelectual e psicológico mais precoce, o que também deve ser considerado na análise de faixa etária média do grupo que vamos atender.

Assim, podemos até estimar alguns valores, mas esses números devem ser sempre avaliados de forma crítica, para que tenhamos as informações precisas, adequadas a seu grupo.

De maneira geral, poderíamos dizer que, se pensarmos em crianças com desenvolvimento normal em relação à população média, os acampantes pequenos seriam aqueles entre 3 e 8 anos. Os médios entre 7 e 14. E os grandes entre 13 e 20 anos.

OS PEQUENOS

Os pequenos são a "Turma da Fantasia". Para eles, a diferença entre os mundos real e imaginário ainda não está bem definida. Acreditam em tudo. São capazes de imaginar que o monitor é realmente um rei e que eles são os fiéis escudeiros que precisam salvar a princesinha raptada, e assim fazer com que o reino seja próspero novamente.

Você pode se transformar ou transformá-los em qualquer personagem. Real ou imaginário. O senso crítico não está aguçado ainda. São capazes de fazer grandes viagens pelo mundo da fantasia.

Não têm espírito competitivo. Por acreditarem que são o centro de tudo (egocêntricos), não têm necessidade de competir e vencer.

O grau de desenvolvimento da psicomotricidade não permite atividades muito complexas e que exijam grandes esforços físicos. É interessante mesclar atividades motores com rodas cantadas, atividades artísticas e trabalhos manuais, como massinha e argila.

Atividades de percepção da natureza têm grande valor para esse grupo. Lembre-se de que, para muitas crianças que vivem nos centros urbanos, contemplar uma borboleta pousando em uma flor é um quadro inédito.

Dormir bem é uma condição essencial para esse grupo. O ideal é dormir cedo e acordar cedo, deixando pelo menos um intervalo de 9 horas. O ritmo de acampamento é muito intenso, portanto, o descanso do corpo é fundamental. Lembre-se de que muitos têm medo do escuro, e talvez a luz tenha que ficar acesa até que peguem no sono. Criança pequena longe da mãe é criança insegura. Tenha paciência.

Outra recomendação importante: jamais deixe os pequenos em pânico com as histórias ou brincadeiras de terror. Traumas nessa idade podem ter conseqüências desastrosas.

Se tiver dúvidas sobre como agir corretamente, imagine que a criança é o seu filho aos cuidados de uma pessoa estranha e, a partir daí, aja de acordo com o seu bom senso.

OS MÉDIOS

Se existe uma palavra que define esse grupo é Aventura.

Essa é a fase em que a criança quer se sentir um super-herói ou, é claro, uma super-heroína. Ela tem esse desejo e pode até compartilhar com você a glória dos seus atos heróicos. Dividir, é claro. Mas, sempre faz questão de ser parte da grande ação, em conjunto com seu monitor, ou sua monitora

Não estamos separando os sexos aqui por mera casualidade. Esse é um aspecto importante dessa faixa etária.

Nesta fase, apesar da grande curiosidade, os sexos opostos se odeiam mutuamente. As meninas não entendem como os garotos podem ser tão idiotas por só quererem jogar bola, enquanto eles consideram um absurdo alguém gostar de brincar com bonecas. Com isso, é claro, juntá-los e tentar fazer com que brinquem de forma integrada é, realmente, uma missão difícil.

Com relação aos atos heróicos, precisamos entender que o conceito de aventura vai além do enfrentar perigos imaginários como as trilhas desconhecidas, as caminhadas no escuro ou tomar banho em uma suposta cachoeira cheia de pedras. É a própria superação dos limites. É ir além dos outros e de si mesmos. Quando têm essa idade, as crianças são altamente competitivas. Existe uma grande necessidade de superar desafios, de ser melhor. Para eles, a cooperação só faz sentido quando implica em vencer um desafio que necessita de um trabalho em grupo.

As atividades em equipe são muito importantes para esse grupo. Além de se divertirem com elas, os acampantes aprendem a ser solidários e cooperativos e, com isso, verdadeiramente melhores. É, mais uma vez, o aprender brincando.

As atividades com bastante movimentação, que requerem agilidade e destreza, são muito aceitas por esse grupo.

Atividades com cordas, caminhadas em trilhas difíceis, gincanas, jogos com bola ou qualquer coisa que envolva se aventurar têm muita chance de dar certo.

Este grupo também aprecia muito as atividades como os caça-tesouros e suas infinitas variações, os jogos de enigma e os grandes mistérios que necessitam de perspicazes detetives para serem resolvidos.

E, também, os grandes jogos, que são sinônimo de satisfação garantida para essa faixa etária. O fato de possuir objetivos claros, desenvolvimento complexo, grande preparação e uma produção bem feita, faz dessa atividade uma interessante opção para a programação de um acampamento para esse grupo de acampantes.

O ponto mais importante a ser observado aqui é a forma como as crianças menos aptas fisicamente vão se integrar ao grupo e às atividades. Estamos falando dos mais gordinhos, dos mais fraquinhos, dos mais bobinhos etc. Enfim, de todas aquelas crianças que poderiam apresentar alguma dificuldade para um certo tipo de brincadeira ou jogo.

Nessa fase altamente competitiva do desenvolvimento da criança, devemos tomar o cuidado de criar atividades para que todos tenham condições de se sentirem importantes e vitoriosos em determinado instante do acampamento.

Partindo do princípio de que as pessoas têm aptidões diferentes, uma boa equipe de programação é aquela capaz de sempre criar atividades que permitam que, em cada situação, crianças com perfis diferentes possam se destacar. Assim, aquela criança que é uma completa negação quando joga basquete pode ter sua chance de brilhar em uma gincana aquática. Ou aquela que, pela dificuldade em correr, atrapalha o ritmo da equipe durante um caça ao tesouro, pode se destacar quando todos estão sentados para uma batalha cultural. Enfim, o importante é que a equipe esteja atenta a isso e crie condições para que o programa dê condições para que todos se sintam bem.

Nesse aspecto, o trabalho de acampamento é algo muito gratificante. Perceber que as crianças estão superando suas limitações e aumentando seu potencial devido à dose de autoconfiança ganha através das brincadeiras é algo emocionante. É muito bom quando aquela criança que é sempre a última a ser escolhida no futebol passa a ser a figura mais importante durante um jogo de detetives. Isto é melhorar o mundo através de um acampamento e este é um compromisso que um grande monitor deve ter consigo mesmo.

OS GRANDES

Chegamos na fase da reaproximação entre os sexos. O grande problema é que, às vezes, essa aproximação se torna extremamente próxima. Costumamos brincar dizendo que em acampamentos com crianças pequenas devemos tomar cuidado para que não desapareça nenhuma criança. Com os maiores o cuidado deve ser o inverso.

Não pretendemos aqui fazer papel de moralista ou coisa parecida. E nem, tampouco, dizer o que se pode permitir ou não que os adolescentes façam durante o seu acampamento. Cada direção de acampamento deve estabelecer os seus próprios limites e suas próprias regras.

Entretanto, não podemos nos esquecer de que nossos acampantes não são nossos filhos e que, portanto, devemos estar conscientes sobre a maneira como seus pais reagiriam à questão da sexualidade. E pensar que a coisa se torna ainda mais séria quando falamos em gravidez ou transmissão de doenças venéreas.

Você pode ser o tipo que diz: "Ah, isso não é problema meu". Ou, "o importante é a gente orientar o grupo para usar camisinha". Se esse é o caso, tome cuidado. Respostas simplistas não resolvem questões tão graves.

Todavia, apesar desses problemas em potencial, trabalhar com jovens tem tudo para ser uma experiência muito agradável. A alegria contagiante desse grupo é capaz de motivar qualquer acampamento.

Por atravessarem uma fase de autodescobertas, questionamentos, conflitos de identidade, alterações hormonais e outras mudanças físicas e psicológicas, são capazes de viver em constante alternância entre o apreço pelos momentos de solidão e a forte necessidade de fazerem parte do grupo. É a fase da reflexão.

Esse acampante gosta das atividades intelectuais e, sem dúvida, das rodas de violão. As músicas têm valor e significado muito grande para essa turma, e freqüentemente assistimos a choradeiras coletivas em volta das fogueiras. A emoção dos jovens, em geral, está muito aflorada.

Para eles, a integração e o fazer parte do grupo são as coisas mais valiosas em um acampamento, enquanto as atividades têm um plano secundário na escala de importância. Se o adolescente está integrado ao grupo, possivelmente vai gostar das atividades. Se não, vai ser muito difícil.

Então, a primeira preocupação da equipe de programação deve ser o desenvolvimento de situações capazes de promover a integração de cada acampante ao grupo. É lógico que o processo de integração é fundamental em qualquer acampamento e para qualquer idade, entretanto, para os adolescentes e jovens é uma necessidade determinante do próprio sucesso do programa como um todo.

Isto não quer dizer todavia que qualquer brincadeira é capaz de satisfazer a um grupo de jovens, ainda que bem integrado. Pelo contrário. Não podemos nos esquecer de que esse é um grupo bastante crítico, e que, por vezes, o acampante pode enxergar o monitor como um concorrente direto à sua própria sexualidade. Assim, as atividades necessitam ser bem elaboradas, afinal você estará sempre sendo avaliado.

Nos grandes jogos, a produção artística nem é tão importante, mas, a coerência das regras e clareza dos objetivos, juntamente com o conteúdo do jogo em si, são fundamentais para a aceitação do mesmo pelo grupo.

As atividades devem ser elaboradas para que o acampante possa pensar, refletir, questionar e, se possível, absorver novos conhecimentos. O conteúdo deve estar ligeiramente acima da própria capacidade do grupo. Em síntese, a garotada deve achar a brincadeira inteligente.

Ao contrário do grupo dos médios, onde o importante é esconder bem as pistas em um caça ao tesouro, por exemplo, no acampamento com os maiores, o segredo está na boa elaboração do enigma, que deve ser criativo e coerente.

Percebe-se que durante as atividades esportivas há um impressionante número de torcedores do sexo oposto. E o mais curioso é que o interesse pelo resultado do jogo, muitas vezes, é nulo. Ainda assim, as atividades físicas, os jogos e as gincanas têm um grande valor e são sempre bem aceitos por esse grupo.

E outra coisa que não pode faltar em um acampamento para jovens e adolescentes é o *free-time*. Aquele espaço de tempo em que não há nenhuma atividade dirigida. Esse é o momento em que os jovens vão ter maior espaço para manifestarem a sua própria individualidade junto ao grupo. Nessa hora, o monitor deve procurar fazer parte do grupo, de igual para igual, sendo como o jovem em seu comportamento, preservando, porém, o seu total senso de responsabilidade.

O ACAMPANTE PROBLEMA

Podemos inicialmente imaginá-lo como sendo aquela garotinha que, na hora onde todo o grupo quer brincar na piscina, ela está com vontade de passear sozinha pelo acampamento. Ou ainda pensar naquele garoto que adora bater nas crianças menores. Ou, quem sabe, naquela menininha que é um amor com a monitora e fala mal de todas as colegas do chalé, fazendo intrigas e criando inimizades.

Na verdade, são muitas as situações onde teremos o prazer de encontrar pela frente a chamada criança problema. Se você nunca teve essa oportunidade em um acampamento, não se preocupe, ela vai aparecer.

Para que você possa identificá-los mais facilmente, vamos apresentar alguns dos mais freqüentes acampantes problemas que aparecem em qualquer acampamento:

O bandidinho: É aquele moleque que, apesar de ter tudo em casa, sempre acha que o objeto do colega é mais interessante que o seu. Para não precisar incomodar o colega, ele não pede emprestado. Simplesmente pega o objeto. E, é claro, se esquece de devolver.

O mijão: É aquele que, às quatro e meia da manhã, quando você está dormindo profundamente, te acorda para que você dê uma mãozinha na troca do lençol. Como você sabe que isso é normal, levanta, troca, dá uma lavadinha no lençol e não dá muita importância ao assunto. Entretanto, o fato se repete todas as noites, sucessivamente. Até aquele dia em que ele não acorda e amanhece todo molhado. Infelizmente, nessa hora, todas as crianças do chalé descobrem que ele faz xixi na cama e, a partir daí, você que tinha apenas um problema para administrar, passa a ter vários, inclusive a própria troca noturna de lençóis.

O figura: Esse é um tipo que sempre está presente. Tem um jeito engraçado e parece possuir algo a mais que o diferencia dos demais acampantes, de forma que seja rapidamente notado pelo grupo. Normalmente, o acampante figura é motivo de chacota pelos demais, que o fazem de bobo ou bode expiatório da turma. É um tanto difícil defini-lo com palavras, mas é bem fácil reconhecer a sua presença em um acampamento, pois logo de início já conquista um apelido, normalmente maldoso e pejorativo.

O tímido: Às vezes é a mesma pessoa que o "figura". Outras, é apenas o "tímido". Entretanto, sempre será um acampante com dificuldades para se relacionar com os demais, principalmente com os do sexo oposto. Por ser envergonhado e, muitas vezes, possuir problemas de auto-estima, costuma ficar isolado do grupo e pode passar totalmente desapercebido durante o acampamento. E podemos citar ainda o "safadinho", o "coitadinho", o "doentinho", o "mariquinha" e uma série de outros que fazem parte da "turminha do problema", independente do sexo.

Entretanto, mais importante do que criarmos esses rótulos e definições, é procurarmos entender quem são na verdade esses acampantes especiais.

Normalmente, são indivíduos que não apresentam uma estrutura familiar sólida, capaz de compreender, aceitar e amar a criança. Às vezes, filhos de pais que não têm tempo, são mal preparados ou até violentos. Enfim, crianças que vivem sem afeto e compreensão.

Por apresentarem uma imensa necessidade de chamar a atenção, apresentam comportamentos negativos ou distúrbios psicossomáticos como forma de serem percebidos pelo grupo.

É claro que essas crianças carecem de um tratamento especial em um acampamento e, caso isso não aconteça, são potencialmente capazes de acabar com o seu programa.

Não é apenas uma questão de garantir o sucesso do evento. É fazer com que alguém possa se tornar melhor e mais feliz, passando a possuir mais recursos para a vida em sociedade. E, não há dúvidas de que um bom trabalho de acampamento possui esse poder. Conhecemos casos em que indivíduos extremamente difíceis conseguiram superar suas limitações e passaram de crianças-problema a grandes monitores de acampamentos. Infelizmente, casos contrários também são vistos. Crianças que passam por monitores descuidados e inexperientes e adquirem traumas que se estendem por toda a vida.

Entretanto, esse tratamento especial para a criança mais difícil deve ser discreto e sutil, pois caso contrário, pode se tornar um reforço ao comportamento negativo. A atenção e o carinho devem ser dados de forma igual aos demais, para que o indivíduo não se sinta protegido demais.

Assim como o elogio é uma palavra mágica, dar responsabilidade é uma receita de sucesso. Incumbir a criança de tarefas e funções é uma estratégia que tem tudo para dar certo. Pedir a ela para que cuide dos demais é outra forma de trazê-la para o seu lado.

Entretanto, não podemos confundir aqui o que chamamos de atribuir tarefas com punir com serviços.

Qualquer tipo de castigo, assim como a própria palavra devem ser proibidos em um acampamento. O acampante está ali para aprender brincando e se sentir feliz. Seus pais contrataram seus serviços para isso e não para maltratar seus filhos.

Se a situação for muito grave e a conversa, a diplomacia e o carinho não forem capazes de resolver a questão, entre em contato com os pais e explique o que se passa. Se for o caso, peça-lhes que busquem os filhos imediatamente, mas jamais pense em dar castigo como forma de educação para as crianças. Isso não vai resolver o problema e, além disso, você não tem esse direito.

De qualquer forma, lembre-se: um pouco a mais de sua paciência poderá ser capaz de tornar uma criança melhor e garantir um acampante para a próxima temporada.

CAPÍTULO 2
APRESENTANDO O SUPER-HERÓI

O MONITOR

O monitor pode ser visto como o coração do acampamento. Se ele pulsa rápido, o acampamento se agita. Se pára, o acampamento morre. Ele é a pessoa capaz de transformar os jogos em grandes aventuras, as histórias em lendas e se transformar em um super-herói que as crianças admiram.

Na verdade, o monitor precisa ser realmente uma espécie de super-herói para agüentar o pique de um grande acampamento. Afinal dormir pouco, agitar bastante e estar sempre contente e de bem com a vida é uma tarefa impossível para os seres humanos comuns.

O grande monitor deve ser capaz de ser esse herói e, ao mesmo tempo, ser o pai e a mãe do seu acampante. Isso significa que, além de brincar e criar aventuras e fantasias, precisa ser o referencial de segurança para a criança. A pessoa sempre pronta a resolver, de forma eficiente, os problemas, as dificuldades e as angústias da molecada.

Muitas vezes, é o monitor do acampamento quem ensina a criança como escovar corretamente os dentes ou como se comportar à mesa. Pode ser que a monitora seja a pessoa que vai orientar a menininha em sua primeira menstruação, ou ajudar durante uma cólica.

O bom monitor é também aquele que está sempre atento às roupas dos acampantes. Uma criança que chega em casa com roupas ou objetos faltando tem tudo para ser um ex-acampante. Conhecemos casos em que mães deixaram de mandar seus filhos novamente ao acampamento porque estes haviam perdido meias, calcinhas ou cuecas. Isso pode parecer exagero, mas realmente acontece.

Uma boa dica para minimizar esse problema é pedir aos pais que marquem o nome da criança na etiqueta da roupa.

De maneira geral, pode-se dizer que o monitor ideal é alguém responsável, carinhoso, atencioso, educado, honesto, alegre, motivado, bem informado, bem preparado, cuidadoso, inteligente, criativo, bem disposto, cordial, esforçado, interessado, bonzinho, esperto, ..., perfeito.

Se você possui todas essas qualidades, além de ser modesto, você tem tudo para ser um supermonitor.

Se não, tudo bem. Seja sempre humilde para aprender um pouquinho mais. Orgulhoso para acreditar que você é capaz de ser o melhor possível. Junte tudo isso com o fato de gostar de crianças. Acredite e valorize aquilo que está fazendo. Faça o trabalho com amor e esteja sempre se preparando e crescendo.

A ALEGRIA É CONTAGIANTE

Sem dúvida, essa é uma afirmação mais do que correta no contexto de um acampamento. Um grupo alegre de monitores é capaz de arrancar sorrisos até da criança mais difícil.

Em nossas palestras e seminários, costumamos dizer que o monitor deve ser alguém que cresceu no corpo e na mente, mas que continua uma criança na alma.

Possuir esse espírito jovem é sinônimo de gostar de brincar, se divertir com besteiras, e sorrir de contente a cada novidade. Ser capaz de acreditar na história que está inventando, se tornando parte de sua própria fantasia. Acreditar que realmente é uma criança, que vê na sensação de alegria, a verdadeira razão do momento.

A palavra certa para explicar tudo isso é entusiasmo. Ser ou estar entusiasmado com um acampamento é mais do que querer se divertir ou se sentir alegre. É ter a certeza de que isso já está acontecendo.

O ESTAR PRÓXIMO

Outro ponto importante que um monitor de acampamento deve observar é a forma como se posiciona com relação à criança. Esse posicionamento se refere tanto ao aspecto comportamento como à própria forma como orienta seu corpo no espaço.

Um dos filmes de maior bilheteria de todos os tempos foi "E.T.". Muitas pessoas não entendem como um filme infantil com um extraterrestre andando de bicicleta pôde fazer tanto sucesso. Além da história bem montada com um final feliz, Steven Spielberg teve uma idéia genial: todas as câmeras de filmagem foram posicionadas a mais ou menos um metro do solo. Isto significa que todas as cenas são vistas sob a perspectiva do tamanho do menino. É como se uma criança, ao ver o filme, se sentisse como o próprio personagem, enquanto o adulto se sente como se fosse uma criança.

Entender essa técnica de perspectiva, capaz de fazer grandes bilheterias no cinema, é um grande recurso que pode ser utilizado em acampamentos.

Em situações em que necessitamos da atenção do grupo, como na hora de explicar uma atividade, é interessante que nos posicionemos de forma a ficar mais altos do que os acampantes. Além de facilitar a visualização, essa postura faz com que o grupo preste mais atenção e absorva mais o conteúdo.

Por outro lado, quando estamos contando histórias, cantando e, principalmente, conversando com as crianças, devemos evitar assumir posições autoritárias, de comando. É muito importante estar ao mesmo nível da criança, de igual para igual. Isto também é válido para o tratamento respeitoso que se deve ter para com a criança.

Como dissemos anteriormente, se comunicar ao nível da criança implica também no tipo de atitudes que tomamos durante um acampamento. Ser cortês e acessível, de maneira que a criança veja você como um amigo e não simplesmente como um adulto, é um bom começo para a execução de um bom trabalho.

O BOM EXEMPLO

Ser monitor de acampamento é mais do que ser o responsável pela alegria e pelo bem-estar dos acampantes. É ser um referencial de valores para as crianças.

As crianças, disfarçada ou dissimuladamente, copiam gestos, expressões e comportamentos de seus super-heróis. Procuram constantemente se parecer com os monitores do acampamento.

Ser esse ponto de referência, que muitas vezes massageia o ego do monitor, deve ser encarado como uma grande responsabilidade. Em um acampamento, somos verdadeiros agentes transformadores da sociedade, cujas palavras e ações são capazes de influenciar de forma decisiva o futuro dos acampantes.

Você pode considerar essa afirmação exagerada ou até mesmo duvidar de que tenha todo esse poder transformador. Entretanto, devemos entender que a prática de atividades recreativas, desobrigadas, em tempo livre e em um local maior e mais agradável do que uma sala de aula, é um forte argumento para atestar essa possibilidade. Educar um grupo através de atividades práticas e que fogem da rotina diária é bem mais fácil do que o processo tradicional.

Nesses anos de experiência, tivemos oportunidade de presenciar algumas situações realmente impressionantes, que nos comprovam que, a vivência de alguns dias de acampamento deixam lembranças, aprendizados e mudança de valores em acampantes e monitores, que se estendem pelo resto da vida.

Assim, se queremos ser grandiosos na arte de acampamentos, necessitamos ter consciência desse fato e, ao mesmo tempo, estar bem preparados para que, em nossa ação enquanto agente multiplicador, estejamos preparando uma sociedade mais justa e mais fraterna.

Fica claro, então, que o monitor de acampamentos é um educador em potencial. Todavia, quando educamos através da recreação, não podemos nos esquecer de que estamos trabalhando com atividades práticas, e isso significa que a ação tem um valor muito maior do que as palavras. A expressão "faça o que eu falo, mas não faça o que eu faço", não funciona em acampamentos.

É importante deixar claro que, tendo ou não consciência do efeito de suas ações, o monitor sempre será um exemplo para seus acampantes. Bom ou ruim.

Esse alerta ao monitor-educador pode e deve ser visto como algo muito sério e, ao mesmo tempo, muito gratificante.

Ser capaz de melhorar o mundo através de brincadeiras, transformar crianças em cidadãos justos, ter o poder de educar e agir como agente modificador da sociedade é um privilégio de poucos. Saber aproveitar isso em benefício de todos é um talento que serve para distinguir o simples monitor do artista de acampamentos.

CAPÍTULO 3
A UNIÃO FAZ A FORÇA

A EQUIPE DE PROGRAMAÇÃO

Você já deve ter ouvido falar que "uma andorinha voando sozinha não faz verão". Em acampamentos, esse dito popular se encaixa mais do que perfeitamente.

Por melhor e mais completo que seja um monitor, se não estiver trabalhando com uma boa equipe, não faz um grande acampamento.

O próprio teor das atividades acampamentis já mostram essa necessidade. Seja em uma simples gincana de bases, seja em um sofisticado jogo de detetive, se um membro do *staff* não sabe bem qual a sua função, pode destruir toda a atividade.

Imagine uma atividade fictícia que chamaremos de Guerra do Golfo. Neste grande jogo os grupos de acampantes terão como objetivo descobrir onde está preso o Secretário Geral da ONU que foi seqüestrado. Para isso, deverão conseguir com os soldados mercenários (monitores) espalhados pela região do Golfo Pérsico (acampamento) algumas pistas que são partes de um mapa. Cada soldado contará sua história e, de acordo com a mesma, pedirá algo aos acampantes em troca das informações.

Pois bem, essa é uma brincadeira que tem tudo para dar certo, sobretudo se for feita à noite, de forma que as crianças tenham que ter cuidado com os possíveis ataques aéreos e terrestres dos exércitos inimigos.

Agora, imagine ainda que a execução dessa atividade não seja feita por uma boa equipe de monitores. Vão "matar" a atividade. Mesmo que haja um ou outro bom monitor, uma atividade desse porte requer um eficiente trabalho em equipe.

E não é apenas para a realização das grandes atividades que se faz necessário um bom trabalho em equipe. A própria parte operacional tem essa necessidade. O dia-a-dia das crianças nos alojamentos, o atendimento às refeições e o acompanhamento da saúde e bem-estar de cada acampante requerem uma divisão de funções por parte da equipe de monitores.

Tampouco, não podemos nos esquecer de que a maior riqueza na programação somente será conseguida quando toda a equipe tiver participado de sua elaboração. Esse envolvimento não é apenas importante pelo maior número de idéias obtidas durante o planejamento, mas, principalmente, pela motivação e comprometimento com o sucesso do programa que isso gera em todo o grupo.

O TRABALHO EM EQUIPE

Também não basta apenas ter uma boa equipe de trabalho. É fundamental que esse grupo esteja em sintonia, "falando a mesma linguagem". Isto significa que cada integrante da equipe de programação deva ter uma idéia clara dos objetivos do trabalho e, obviamente, concordar com os mesmos. Todos deverão estar cientes do teor do programa, do cronograma e conteúdo das atividades e dos papéis que cada um desempenhará a cada momento. Nesse trabalho não há espaço para rivalidades, invejas ou discórdias. O grupo deve ser sempre bastante unido e acreditar que somente com a contribuição de todos, os objetivos serão alcançados. Assim, para aqueles que têm dificuldades em trabalhar sem competição, damos uma dica: o melhor monitor será sempre aquele que, dentro do trabalho em equipe, mais contribuir para o sucesso do programa. É a colaboração sempre acima da competição.

Devido a essa necessidade de harmonia dentro da equipe é fundamental a presença de uma forte liderança.

O líder da equipe de acampamentos, seja chamado diretor de programa, coordenador ou outra denominação deve ser alguém capaz de manter sua equipe motivada e coesa bem como estar sempre inteirado com todas as situações que ocorrem no acampamento, pronto para resolver qualquer problema. A esta pessoa compete a tarefa de fazer com que a equipe se recorde constantemente dos objetivos a serem alcançados e os busque de forma equilibrada, mantendo a devida proporção entre o trabalho e o descanso.

Muitas vezes, o líder é o próprio ponto de referência para a equipe. É como se fosse o professor dos monitores. Fica claro, então, que esta pessoa deva ser bem preparada, com bastante conhecimento na área e que tenha grande capacidade de liderança e resolução de problemas.

É importante recordarmos que, dentro de um grupo, nunca existe um líder fixo e sim uma liderança flutuante. Em cada momento, algum membro da equipe estará assumindo essa função, em virtude de suas habilidades e experiências anteriores, ou seja, como cada tipo de ação requer uma liderança específica, situações diversas em acampamentos vão sempre exigir troca de lideranças, cabendo ao responsável geral a função de gerenciar os recursos humanos e habilidades individuais dos monitores em prol do trabalho em equipe.

AS REUNIÕES DE PLANEJAMENTO

São momentos de encontros da equipe de programação que antecedem o trabalho de acampamentos e que têm por objetivo discutir as diretrizes do programa a ser executado bem como desenvolver as estratégias para se alcançar os objetivos propostos. São nessas reuniões que a equipe cria as atividades, inventa as brincadeiras, prepara o material e planeja passo a passo o que deverá acontecer no acampamento.

Ter boas reuniões são passos decisivos para se ter grandes acampamentos.

Em reuniões produtivas todos os integrantes da equipe falam de forma democrática e harmônica, trazendo idéias que, após consenso geral, se tornam o próprio programa. O bom dimensionamento do tempo e a distribuição equilibrada de tarefas são também importantes para que esses encontros sejam bem sucedidos. Além disso, a presença de uma liderança no grupo, enquanto articuladora das idéias e gerenciadora das opiniões é um ponto fundamental para uma boa reunião.

O grupo sempre será capaz de conseguir trabalhar com senso de coletividade e guardar dois preceitos básicos:

1 - Nos momentos de méritos, onde fica evidente o sucesso, devemos trocar o Eu pelo Nós.

2 - E, nos momentos de fracasso, trocar o Vocês por Nós.

Seguindo estes dois mandamentos do trabalho em equipe, teremos sempre um grupo unido, comprometido com os mesmos ideais e que fala a mesma linguagem.

CAPÍTULO 4
MÃOS À OBRA

MONTANDO A PROGRAMAÇÃO

O primeiro passo na elaboração de uma programação é colocar no papel tudo o que vai acontecer durante os dias do acampamento, desde a hora em que se levanta até a hora de dormir, ou seja, montar um cronograma

É neste momento que a equipe define os horários gerais, que tipo de brincadeiras serão realizadas, quem estará responsável pela preparação de cada atividade etc.

Assim, é muito importante que todos participem de uma maneira democrática neste processo, trazendo sugestões e idéias, e, dessa forma, se comprometendo com o sucesso desse programa.

Podemos dizer, então, que montar um cronograma é formalizar uma espécie de agenda do acampamento, que terá por objetivo organizar o dia-a-dia.

Elaborar uma grande programação é uma arte que requer, entre outros, dois ingredientes fundamentais: experiência, para se ter a justa idéia do tipo de atividades que funcionam ou não em acampamentos, e criatividade para estar sempre inovando com as brincadeiras. E, quanto maior for a dose desses ingredientes dentro da equipe, maior a chance de se ter um grande acampamento.

Além disso, uma boa programação deve estar sempre atenta a alguns detalhes, que trataremos a seguir.

MODELO DE CRONOGRAMA DE ATIVIDADES

	QUINTA	SEXTA	SÁBADO	DOMINGO	SEGUNDA	TERÇA
07:30	DESPERTAR	DESPERTAR	DESPERTAR	DESPERTAR	DESPERTAR	DESPERTAR
07:45	Hasteamento da bandeira e higiene	Hasteamento da bandeira e higiene	Hasteamento da bandeira e higiene	Hasteamento da bandeira e higiene	Hasteamento da bandeira e higiene	Hasteamento da bandeira e higiene
08:00	Café	Café	Café	Café	Café	Café
09:00	Atividade de chalé	Saída para trilha	Free-time	Atividade de chalé	Atividade de chalé	Atividade de chalé
10:30	Aladim 007 x Máfia	Trekking Rapel	Olimpíadas do Acampamento	Olimpíadas do Acampamento	Canibal Rali Maluco	Fuga de Alcatraz Plantão Médico
12:00	Free-time			Free-time	Free-time	Free-time
13:00	Almoço	Almoço	Almoço	Almoço	Almoço	Almoço
14:00	Descanso	Descanso	Descanso	Descanso	Descanso	Descanso
15:00	Pestinha Volta ao mundo Livre	Atividade educação ambiental Jardinagem Divisão dos Países	Olimpíadas do Acampamento	O Máskara Comunicação Livre	Curto-Circuito Demolidor Livre	Enduro de Bike Guerra de Lama Pôr do Sol
17:00	Pôr do Sol	Pôr do Sol	Pôr do Sol	Pôr do Sol	Pôr do Sol	Banho
17:30	Banho	Banho	Banho	Banho	Banho	
19:00	Jantar do Avesso	Jantar do Vira	Jantar do Terror	Jantar do Ridículo	Jantar do Circo	Jantar de Gala
20:00	Fofocas	Fofocas	Fofocas	Fofocas	Fofocas	Fofocas
20:30	Apito Fugitivo	Muralhas	Platoon	Noite de Talentos	Festa do Hawai	Fogueira
22:00	Volta à calma	Volta à calma	Volta à calma			Volta à calma
22:30	Recolher	Desfile Olímpico	Recolher			Recolher
23:00	Silêncio	Silêncio	Silêncio	Silêncio	Silêncio	Silêncio

FLEXIBILIDADE

Por mais que você tenha já identificado o perfil dos seus acampantes e por mais que o seu serviço meteorológico seja confiável, sua programação deverá estar bem preparada para qualquer eventualidade.

Sair para o acampamento com um programa rígido de horários e brincadeiras e não levar algumas atividades extras é, no mínimo, loucura, pois é sempre possível que haja uma mudança total no clima, que as crianças não se adaptem às atividades que foram elaboradas, ou ainda, que membros da equipe fiquem doentes e seja necessário um remanejamento durante as brincadeiras.

    Estamos dizendo com isso que uma equipe de programação deverá ter sempre algumas atividades guardadas para situações adversas.

    Assim, quando você tiver um acampamento de 10 dias pela frente elabore uma superprogramação oficial, mas prepare também uma ótima programação para 10 dias de chuvas, pois isso pode realmente acontecer. Se chover você estará preparado e, se fizer sol, além de poder usar a programação oficial, você já terá uma programação de brincadeiras de chuva montada para um futuro acampamento.

    Uma grande equipe de acampamento é capaz de manter a qualidade do programa em qualquer circunstância. Chova ou faça sol.

O GOSTO DE QUERO MAIS

Quando uma equipe esportiva está se preparando para uma competição existe sempre uma meta de condicionamento físico: atingir o potencial máximo, ou pico, ao final da competição. Todo o treinamento é dirigido para que no jogo final a equipe se desenvolva com sua capacidade máxima.

Em acampamentos deve acontecer uma coisa bem parecida. O ápice ou ponto mais alto da programação deve ocorrer no último dia. O nível de envolvimento, entusiasmo e motivação dos acampantes com relação às atividades deve ir aumentando dia após dia, de maneira a criar uma sensação de quero mais ao final do acampamento.

Na prática, isso significa ir deixando as melhores atividades, bem como a expectativa delas, para o final. E aqui vai uma dica muito importante: assim como a programação, cada atividade deve sempre terminar no seu auge.

O ideal é que, ao final de cada brincadeira, as crianças estejam querendo brincar um pouco mais e até peçam para que a brincadeira continue. Quando isso acontecer, você deverá saber que essa é a melhor hora de acabar a atividade e começar uma nova.

Essa técnica, quando utilizada de forma eficiente e discreta, faz com que os monitores criem na criançada uma grande vontade de estar ali, ou em outras palavras, motivam o acampante a voltar sempre.

QUEBRANDO O GELO

Imagine que é um sábado à noite e você está só em casa. E, mesmo não tendo companhia, resolve ir a um bar que você ficou sabendo, através de uns amigos, que é bastante agitado. Se você é alguém bem extrovertido, tudo pode dar certo para você se divertir. Caso contrário, você corre o risco de ficar totalmente isolado e ter uma noite muito frustrante.

Pois bem, essa é a mesma sensação que uma criança enfrenta ao chegar ao acampamento. Então, compete à equipe de monitores promover as condições necessárias para que cada criança se integre plenamente ao grupo.

Uma das estratégias utilizadas para isso são as atividades de "Quebra Gelo", que se constituem, em geral, de brincadeiras de roda cantada e que têm por finalidade fazer com que as crianças se descontraiam e se integrem totalmente logo na chegada ao acampamento, momento ideal para sua execução.

Atividades que mencionem o nome dos acampantes, brincadeiras que proporcionem movimentos e situações engraçadas, além do contato físico entre as crianças através do toque, são situações essenciais para um bom "Quebra Gelo". Esquetes engraçadas e pequenas performances teatrais são também muito interessantes para esses momentos.

É também muito importante que o *staff* jamais, e sobretudo durante o Quebra Gelo, proponha brincadeiras que possam levar a criança a uma situação de constrangimento. Sentir-se ridicularizado nesse primeiro momento pode por fim a toda a expectativa do acampante e, conseqüentemente, a qualquer chance de sua conquista pelos monitores.

De qualquer forma, independente das brincadeiras utilizadas, os monitores devem estar conscientes de que um Quebra Gelo não deve ser avaliado por suas atividades e sim pelo nível de integração proporcionado ao grupo e a cada acampante individualmente.

O FREE-TIME

Uma coisa que não pode faltar em um acampamento são os momentos em que a criançada fica livre pelo acampamento, sem qualquer atividade dirigida ou supervisão direta dos monitores.

Não estamos dizendo que você deva deixar a garotada largada ou abandonada. Apenas insistimos na idéia de que as crianças devem se sentir livres e terem momentos para explorarem e curtirem o acampamento de uma forma independente.

Durante o free-time, as crianças têm a possibilidade de se agruparem de acordo com seus próprios interesses e afinidades, e com isso têm uma maior chance de manifestarem inteiramente as suas potencialidades e, dessa forma, se sentirem melhores e mais importantes dentro do acampamento.

Durante o tempo livre dos acampantes, os monitores devem ter a sua atenção voltada para duas coisas muito importantes:

1) Estar atento para que a garotada não faça coisas erradas. E, entenda por isso, algumas ações realmente inusitadas, como brigas, machucados, descobertas sexuais e situações de perigo eminente. Para evitar esses problemas, a equipe deve procurar desenvolver uma supervisão bem discreta de tudo que acontece no acampamento durante esses momentos. Uma espécie de liberdade vigiada.

2) Ter cuidado para que as crianças mais tímidas e com maior dificuldade para comunicação não fiquem totalmente isoladas. Neste caso, o monitor deve procurar fazer uma ponte entre essas crianças e algum grupo com um perfil mais próximo.

Além do free-time, uma boa programação deve deixar um tempinho para o descanso obrigatório sendo que, normalmente, o melhor horário para isso é após o almoço.

Esse descanso serve para manter o equilíbrio entre a atividade e o repouso, visto que o ritmo dos acampamentos costuma ser muito intenso.

Equilibrar o descanso é muito importante para garantir que a criança tenha disposição até o final do acampamento e possa desfrutar a programação ao máximo.

A VOLTA À CALMA

Assim como o free-time e o descanso programado, a "volta à calma" é um momento de grande importância para a manutenção do equilíbrio em um acampamento.

O horário ideal para essa atividade é após a última atividade noturna, no momento que antecede a hora de dormir.

Contar histórias e cantar as músicas do acampamento junto à lareira, em um quiosque, à beira-mar ou em outro local agradável são elementos indispensáveis para uma boa "volta à calma".

Devemos lembrar que, devido ao seu aspecto sereno e diferente do habitual, esse tipo de contexto é perfeito para se trabalhar o fortalecimento dos valores morais, a reflexão e a sensibilidade nas crianças. Enfim, é um poderoso recurso educativo, que pode ser aproveitado para promover o crescimento do acampante e do próprio grupo.

Neste tipo de atividade se destacam os monitores com algum talento musical e, sobretudo, aqueles que têm habilidades como contadores de histórias, principalmente quando conseguem utilizar esses dons de acordo com os objetivos do acampamento.

REFEIÇÕES TEMÁTICAS

Despertar os acampantes para o "Café do Pijama" ou dar a eles a oportunidade de convidar seus amigos para o "Jantar de Gala no Castelo do Rei Arthur", é criar uma fantasia que, além de estimular o prazer de comer, desenvolve uma sensação de valorização da refeição. Isso nos traz a certeza de que, além de divertidas, as refeições temáticas têm um grande valor educativo para as crianças.

Exigindo apenas criatividade para a elaboração dos temas, essa é uma atividade muito fácil de se desenvolver, pois o trabalho de criar as fantasias e usá-las cabe ao próprio acampante.

Se a intenção é divertir e proporcionar grandes risadas, o "Jantar do Vira", onde todos se caracterizam como se fossem do sexo oposto, e o "Jantar do Astro", onde cada um imita um artista famoso, são perfeitos para a ocasião.

Se o desejo é desenvolver os sentimentos de solidariedade e companheirismo no grupo, o "Almoço da União", onde cada pessoa de uma dupla come com uma das mãos amarradas à outra pessoa, é muito indicado.

O "Jantar do Clone", onde cada um se caracteriza como um outro acampante (definido por sorteio), é bem interessante para aumentar a integração do grupo e fazer com que todos se conheçam, além de ser muito divertido.

E, assim como essas idéias, muitas outras podem ser desenvolvidas para se atingir outros objetivos específicos.

Basta criar!

A FOGUEIRA

Alguns apaixonados pelo trabalho em acampamentos costumam dizer que se um acampamento não tem fogueira, então não é um acampamento de verdade.

Deixando de lado o tom romântico da afirmação, podemos dizer que a fogueira é, sem dúvida, um dos momentos mais ricos de um acampamento, visto que a força envolvente do fogo aliada à mística dessa atividade são capazes de criar uma eterna lembrança do momento para o grupo de acampantes.

Cada acampamento possui a sua forma tradicional de desenvolver esse tipo de atividade. Em um extremo temos alguns acampamentos em que as fogueiras são momentos de muita descontração, onde as crianças são entretidas com brincadeiras de roda, contação de histórias e piadas, pipocas etc... No outro extremo, temos os acampamentos em que as fogueiras são momentos de profunda reflexão, possuindo verdadeiros ritos de desenvolvimento e onde os participantes têm a sua emoção muito aflorada. E, logicamente, entre esses dois extremos, temos uma série de situações que variam na proporção entre suas doses de descontração e seriedade.

Quanto a isso não há jeito certo ou errado, melhor ou pior de se fazer fogueiras. O que existe são fogueiras mais ou menos adequadas ao perfil dos acampantes, sobretudo no que se refere à faixa etária.

Por exemplo, em um acampamento recreativo com crianças de 3 a 8 anos é muito mais interessante uma fogueira descontraída, com bastante música, brincadeiras e alegria. Por outro lado, com um grupo de adolescentes entre 15 e 18 anos, que participam de um acampamento de formatura, uma fogueira reflexiva seria bastante interessante, visto que teria uma ação de fortalecimento nas relações de amizade dentro do grupo.

Devemos chamar a atenção sobre a questão da sensibilidade que envolve as fogueiras reflexivas. É comum as choradeiras coletivas diante de uma "Fogueira da Amizade", um "Fogo de Conselho", ou ainda, qualquer fogueira com outro nome e que possa mexer com a emoção dos participantes.

Esse tipo de trabalho é de um inquestionável valor educativo, principalmente por levar o adolescente a uma maior descoberta de seus próprios sentimentos e da importância do grupo para o seu desenvolvimento enquanto indivíduo social. Entretanto, devemos entender que trabalhar fortes emoções pode trazer conseqüências graves a indivíduos com algum distúrbio psicológico ou problemas de carência afetiva, de maneira que essa possibilidade deve ser sempre considerada e avaliada de forma criteriosa durante o planejamento do programa.

De qualquer forma, a fogueira é uma atividade que, se conduzida de forma consciente, tem um imenso valor educacional e recreativo, que torna essa atividade uma parte muito valiosa do acampamento.

AS FOFOQUINHAS

A "Seção Fofoquinhas", "Boletim Diário" ou "Noticiário do Acampamento" é outra atividade de grande valor e utilidade em um acampamento com crianças.

Para sua realização, basta deixar à disposição das crianças um pouco de papel, caneta e uma "caixa especial de fofocas" para que se tenha uma vasta produção literária sobre o cotidiano do acampamento.

As crianças fazem os comentários mais diversos possíveis, geralmente com um bom humor bastante criativo e com uma linguagem bem própria do grupo e da faixa etária.

O ideal é deixar um momento diário na programação, preferencialmente após o jantar, para a apresentação do "jornal do acampamento", que deverá ter um nome próprio e relacionado ao contexto do local e ser anunciado solenemente, para criar expectativa nos acampantes.

Os apresentadores ideais são aqueles monitores que tenham mais facilidade para se comunicar e maior desembaraço frente ao grupo, além de boa criatividade e sensibilidade para promover rápidas mudanças no conteúdo de alguma "notícia", caso seja necessário.

Os demais monitores também podem colaborar com a atividade se infiltrando no meio das crianças e fazendo o papel de "animadores de auditório", o que pode tornar o momento ainda mais engraçado e interessante.

Além de ser bastante engraçada, estimular a vontade de escrever e promover uma maior integração do grupo, a "Seção Fofoquinhas" possui um outro aspecto ainda mais importante: fazer com que o acampante saia do anonimato diante do grupo.

Imagine-se como um acampante no meio de outros 200 e tendo o seu nome destacado durante a apresentação do "Diário do Acampamento", sobretudo se a "matéria em pauta" se referir a uma grande conquista, uma qualidade pessoal ou uma declaração de amor.

É uma grande alegria para a criança.

Entretanto, essa é uma atividade que exige cuidados muito especiais, pois assim como pode ser um momento de glória para alguns, pode ser uma situação muito frustrante para outros.

Pense no caso de uma criança tímida que é lembrada neste momento pelo fato de ter feito xixi na cama. Ou ainda, na situação daquele acampante que, após esperar ansiosamente para ouvir seu nome, percebe que não houve nenhuma "fofoca" a seu respeito.

Estas considerações não têm a intenção de desencorajar a prática de uma atividade tão educativa e sim de fortalecer a idéia de que a equipe de monitores pode e deve tomar algumas medidas simples e eficientes para a boa execução dessa atividade, tais como:

[1] Fazer uma leitura prévia e "censurar" aqueles bilhetes que possam ofender ou humilhar alguma criança, bem como inibir palavras e atitudes que não condizem com a proposta do acampamento;

[2] Garantir que o nome de cada um dos acampantes seja lembrado, inclusive especificando de alguma maneira a criança, no caso de homônimos. Para isso é interessante que o próprio monitor escreva algumas fofocas com o nome das crianças pelas quais é responsável;

[3] Incentivar a todos os acampantes para que escrevam fofocas, pois tão gostoso quanto ter uma fofoca com seu nome é ouvir a leitura de uma mensagem de sua autoria. Muitas vezes, monitores e acampantes escrevem suas mensagens e assinam com um nome fantasia ou com o nome de outra pessoa. No primeiro caso, surgem os personagens misteriosos de um acampamento, enquanto que no segundo se estabelece uma sadia relação de competição para ver quem escreve mais sobre o outro ou com o nome do outro. E tudo isso serve como estímulo para o valioso exercício de redação nas crianças;

[4] Ter a certeza de que os apresentadores escolhidos são os mais indicados para desenvolver a atividade, pois uma seção apática ou exageradamente extensa se torna cansativa e desestimulante para os acampantes. Os monitores devem ter a sensibilidade necessária para perceber até onde a atividade está agradando e qual o momento certo de parar. Todavia, essa ação deve ser cautelosa para não frustrar as crianças que escreveram e poderão não ter as suas "fofocas" lidas naquela seção;

[5] Dimensionar bem o tempo necessário para se ler um determinado número de fofocas e criar estratégias para que todos os acampantes se façam representar, sem comprometer o restante das atividades programadas para o dia.

DE TUDO UM POUCO

A grandiosidade de uma programação de acampamento tem como medida a riqueza de variedades nas atividades que a compõe, ou seja, a relação de proporção entre as atividades sociais, esportivas, culturais, recreativas e de lazer em geral presentes no programa.

Se você organiza um acampamento somente com atividades esportivas, talvez ele seja muito divertido, mas, certamente, será pobre do ponto de vista cultural. E, da mesma forma, se contar apenas com uma programação cultural provavelmente o programa não proporcionará grandes alegrias a um grupo de crianças que esteja com vontade de bagunçar.

A programação deve, então, procurar manter um equilíbrio nesta relação.

Algumas pessoas afirmam que a criançada não gosta de atividades culturais, sociais ou educativas. Isto é mentira.

Ao nosso ver, isso é conversa de quem não tem criatividade para elaborar grandes brincadeiras.

Passar alguns dias acampando com crianças e não explorar atividades artísticas, manuais e de contato social e com a natureza é um grande desperdício. Atividades com música e dança podem e devem ser divididas com gincanas e caça-tesouros, assim como uma partidinha de futebol pode se alternar com atividades de expressão teatral dentro de uma programação.

Lembre-se de que o grande monitor é sempre capaz de motivar seus acampantes a participarem de qualquer atividade proposta, desde que acredite na importância da mesma para o bem-estar da criança.

Uma besteira que você não pode fazer em seus acampamentos é se tornar repetitivo com as atividades. Ficar repetindo é sinônimo de desmotivar e perder os acampantes para o seu concorrente.

E também não adianta usar a velha tática de fazer exatamente a mesma brincadeira e apenas trocar o nome, porque isso não resolve. A criançada percebe logo a enrolação.

Na verdade, a grande maioria das brincadeiras de acampamento segue alguns modelos básicos de desenvolvimento como decifrar e encontrar pistas ou enigmas, procurar pelos monitores, seguir mapas, passar por bases, responder charadas, fugir, se esconder, fazer combates, além das tradicionais atividades físicas e sociais.

Ao montar uma programação, a equipe de monitores deve saber que, com esses elementos básicos, é possível se ter uma quantidade infinita de variações de atividades, de maneira que uma programação pobre e repetitiva não tem justificativa.

Outra coisa que a equipe deve procurar desenvolver são atividades que fujam da rotina cotidiana das crianças, como os esportes mais comuns.

Não estamos querendo dizer que durante um acampamento não possa haver um futebolzinho ou uma partidinha de vôlei. O que não pode acontecer é estas atividades se tornarem a própria alma do acampamento, sendo a única opção do programa. Além disso, a não ser em caráter muito excepcional, não se deve utilizar a televisão. Videogame e seus similares, nem pensar.

Neste sentido, atividades como o *treking* e os esportes radicais como o *rafting* e o *rapel*, desde que tenham total segurança, são bastante interessantes para quebrar a rotina.

Cursos e palestras sobre primeiros socorros e sobrevivência em matas são também boas opções para sair da rotina e, ao mesmo tempo, desenvolver uma atividade cultural que desperte grande interesse nas crianças.

Um material barato e que gera diversas opções de lazer e aventura em acampamentos são as cordas. Teleféricos, trilhas, circuitos, *rapel* e atividades como a falsa baiana, são alguns exemplos de atividades interessantes para a criançada e feitas com elementos simples como cordas, cabos e roldanas.

Além disso, devemos nos lembrar de que os esportes tradicionais também podem ser adaptados e transformados em várias brincadeiras de acampamentos como o vassorobol, o voleixiga, o futebol de casal, o hand-sabão e muitas outras.

Com uma boa dose de criatividade, tudo é possível.

CAPÍTULO 5
BRINCANDO DE FAZER
BRINCADEIRAS

AS ATIVIDADES

Programar as atividades de um acampamento é dar vida a ele. Elas são o principal motivo pelo qual as crianças vão a um acampamento, em busca de alegria e diversão, e é através delas que a equipe de monitores vai ganhando a liderança necessária para alcançar seus objetivos diante do grupo.

Note bem que estamos afirmando que a atividade é um meio para se atingir os objetivos e não um fim em si mesma. É importante ressaltar essa colocação, pois, ao longo dos anos, temos observado várias situações onde, devido à ansiedade em se fazer um grande acampamento, a equipe de programação acaba se envolvendo em excesso com a elaboração e desenvolvimento das atividades e se esquece dos demais itens necessários a um bom acampamento. É como se o acampamento fosse feito apenas de brincadeiras. Esquece-se que os acampantes precisam comer, dormir, ir ao banheiro, fazer higiene, receber carinho etc.

Podemos então dizer que o sucesso na elaboração de uma programação de acampamento está no alcance dos seus objetivos através de atividades que atendam ao interesse do seu público. Isto representa o equilíbrio entre aquilo que o acampante quer fazer com aquilo que você pretende alcançar como resultado final.

DEFININDO O TEMA

Definir um tema para o seu acampamento não é um fator essencial, mas, certamente, é um grande recurso para direcionar sua programação e estimular a criatividade da equipe durante a elaboração das brincadeiras.

Da mesma maneira, a associação entre o tema e os objetivos específicos do acampamento não é fator essencial, mas, certamente, é um grande recurso para o alcance desses objetivos. Vamos analisar algumas situações.

Uma escola particular decide organizar, durante as férias de verão, um acampamento para 180 crianças, alunos do ginásio entre 10 e 14 anos de classe média-alta (público-alvo). Essa escola é dirigida por pessoas que acreditam e valorizam o processo de educação informal (foco central) e que pretendem, através das atividades recreativas de um acampamento, despertar e fortalecer a capacidade crítica de seus alunos(objetivos específicos).

A direção reúne alguns professores que vão ser os responsáveis por esse trabalho (equipe de programação) e, visto que um desses professores já tem experiência com acampamentos, passa a dirigir o trabalho da equipe (liderança).

É feita a divulgação e a inscrição dos alunos, agora acampantes.

Os primeiros passos estão Ok.

A equipe passa a avaliar cuidadosamente as questões de transporte, infra-estrutura, alimentação, saúde e segurança. Tudo Ok. Até esse momento podemos sentir que o acampamento tem tudo para ser um sucesso.

Hora de montar a programação.

Aqui surgem três possibilidades: 1) A equipe de programação, apesar da boa intenção, elabora uma série de atividades que não agradam aos acampantes. 2) As atividades são realmente boas, mas devido ao seu caráter convencional (como polícia e ladrão e caça ao tesouro), apesar de serem satisfatórias, do ponto de vista recreativo, não são capazes de criar condições para o alcance dos objetivos específicos. 3) As atividades agradam e satisfazem aos acampantes e, devido à forma criativa e cuidadosa com que foram elaboradas, fogem do aspecto tradicional e fazem com que as crianças, ao longo do acampamento, tenham um amadurecimento de seu espírito crítico.

Neste exemplo, onde o objetivo específico era bastante genérico, a importância ou necessidade de um tema para as atividades é algo imperceptível.

Entretanto, podemos imaginar uma outra situação: essa escola, atenta às mudanças sociais em virtude da globalização, pretende organizar, no ano seguinte, um acampamento onde, através das brincadeiras, os alunos possam se inteirar melhor do processo de globalização.

A fim de atingir esse objetivo específico, a equipe pode optar pela utilização de uma programação temática, como, por exemplo, "A volta ao mundo em seis dias". Nesta proposta, em cada dia os acampantes estariam vivendo em um dos continentes, sendo que o passeio por cada cultura, o maior enfoque em determinados países, a escolha das comidas, as roupas, a adequação das brincadeiras e outras atividades deverão ser dimensionados em função da necessidade e interesse da equipe em equilíbrio com as condições que o acampamento puder oferecer.

Nomes de filmes, livros ou histórias, bem como situações do momento, são boas referencias para se criar temas que despertem o interesse dos acampantes e possibilitem atividades criativas.

Como dissemos anteriormente, o tema não precisa estar, necessariamente, ligado aos objetivos do acampamento e tampouco deve direcionar todas as atividades. Ele deve ser entendido como mais uma ferramenta para enriquecer a programação e pode ser utilizado especificamente para uma ou outra atividade.

DIMENSIONANDO A ATIVIDADE

Uma ação muito importante para se montar uma boa atividade é fazer o seu dimensionamento prévio, determinando a relação entre aquilo que se pretende desenvolver com a sua possibilidade de realização diante dos recursos disponíveis.

Para melhor ilustrar essa afirmação vamos pensar em alguns exemplos.

Imagine que você, ao planejar a programação de seu acampamento, tenha pensado em fazer uma gincana aquática. Várias brincadeiras integradas que realmente vão despertar bastante interesse nos acampantes e, certamente, têm tudo para ser um sucesso. Entretanto, você se esqueceu de um pequeno detalhe: o seu acampamento não tem piscina, represa, lagoa ou nada parecido.

Imagine ainda que, encantado com as cachoeiras do local, você decide desenvolver um *caniong* (rapel na água) com seus acampantes. Leva, então, 40 jovens para a escalada. Entretanto, o seu equipamento e as condições de segurança do local só permitem a descida de uma pessoa de cada vez. Considerando que cada pessoa demore, em média, 15 minutos, entre vestir o equipamento, descer a cachoeira e passar o material para o próximo, você vai demorar, aproximadamente, 10 horas para realizar toda a atividade. Será uma frustração geral.

E tudo isso, por quê? Simplesmente, porque as atividades não foram bem dimensionadas. O primeiro caso é um exemplo típico de não conhecimento do local enquanto que o segundo reflete a falta de dimensionamento entre o número de participantes e o tempo necessário para o desenvolvimento da atividade.

Além desses, podemos citar outros fatores importantes como:
- ♦ Avaliação da quantidade e qualidade do material disponível;
- ♦ Número de monitores para desenvolver a atividade;
- ♦ Faixa etária dos participantes;
- ♦ Adequação da brincadeira ao perfil e ao tamanho do grupo;
- ♦ Tamanho e condições do local onde será realizada a atividade;
- ♦ Possibilidade de realização da atividade em diferentes condições climáticas.

Na verdade, precisa ficar claro que, quanto mais complexa for uma atividade, maior o número de variáveis que devem ser consideradas para o sucesso da mesma. Assim, por exemplo, é de se esperar que um Grande Jogo requeira um planejamento mais detalhado do que um campeonato de par ou ímpar.

INVENTANDO AS BRINCADEIRAS

Ensinar alguém a inventar brincadeiras de acampamento é algo impossível, afinal de contas todo e qualquer processo de criação corresponde a um *insight* pessoal, que surge a partir de todo o conjunto de experiências acumuladas por cada indivíduo. Neste momento, nossa intenção é mostrar que é muito simples se criar uma brincadeira, e pretendemos, com isso, fortalecer a sua convicção de que com interesse e determinação qualquer indivíduo é capaz de se tornar criativo.

Daremos o exemplo de um jogo recém-inventado, que pode ser adaptado e utilizado em um acampamento. Entretanto, o importante agora não é o jogo em si e sim o processo de sua construção.

Nome da brincadeira: Sítio Mal-Assombrado do Pica-Pau-Amarelo.

Objetivos: Desenvolver a capacidade de comunicação e persuasão nas crianças;
Fazer com que os acampantes tenham contato com a obra de Monteiro Lobato.

Faixa etária ideal: Crianças entre 7 e 10 anos.

Horário ideal: À noite.

Contexto da atividade: A história se passa no Sítio do Pica-Pau-Amarelo. Quando as crianças estão reunidas em um local fechado aparece, de repente, a Boneca Emília, que está desesperada e contando uma história que acabara de acontecer no Sítio. Segundo ela, a malvada Cuca conseguira concluir um de seus planos diabólicos: enfeitiçar a todos os personagens do sítio e criar a inimizade entre eles. Devido a isso, cada um deles resolveu ficar sozinho e isolado em algum lugar do sítio e, se essa situação permanecer, o Sítio do Pica-Pau-Amarelo deixará de existir e nem as crianças e nem seus futuros filhos poderão mais se divertir com suas histórias. Por isso, a criançada precisa encontrar a única pessoa capaz de mudar tudo isso, o escritor Monteiro Lobato, que se encontra ao lado da Porta de Passagem do Mundo Real para o Mundo da Fantasia. Para chegar a Monteiro Lobato, os acampantes deverão percorrer o sítio e encontrar seus personagens, pois cada um deles possui uma informação que, somada às demais, indica o local de passagem entre os dois mundos. Entretanto, as informações não serão dadas de "mão beijada". As crianças precisarão primeiro convencer os personagens de que todos voltem a ser amigos e de que Monteiro Lobato precisa ser encontrado urgentemente. Além disso, o grupo deverá executar uma tarefa, que tenha a ver com o contexto do jogo, a fim de provar sua amizade e lealdade para com o personagem. Porém, durante a sua busca, os acampantes deverão tomar cuidado com as "forças do mal", representadas pela Cuca, o Saci-Pererê, o Curupira e a Mula-Sem-Cabeça. Esses personagens aparecerão no escuro e tentarão "enfeitiçar" as crianças e, caso isso aconteça (mas não deverá acontecer), o grupo estará eliminado do jogo. Para evitar o mal, no momento em que cada um deles aparecer, todos os acampantes deverão se atirar rapidamente no chão, pois se ficarem deitados estarão em contato direto com o solo, local onde o mal não poderá atingi-los. A Emília só pôde explicar tudo isso porque, na hora em que a Cuca jogou o feitiço, ela se escondeu dentro do guarda-roupas e não foi contaminada pela mágica.

Execução: As crianças deverão ser separadas em grupos entre 10 e 15 pessoas, e deverão conseguir as pistas necessárias.

Final: Vence o grupo que primeiro encontrar o Monteiro Lobato.

Esta é uma brincadeira onde a caracterização dos personagens e a interpretação dos monitores são essenciais. Durante o diálogo com as crianças, cada monitor deve incorporar as características do seu personagem, tornando ainda mais rica a comunicação e a barganha com as crianças. A boneca Emília deverá ser algum que conheça todos os detalhes da brincadeira, pois precisará responder as dúvidas que as crianças tiverem durante a sua explicação.

Esta atividade ficará muito interessante se o encontro com os personagens do mal for envolvido por muita adrenalina. No momento em que um deles aparece, a molecada deverá se atirar ao chão como se estivesse realmente se defendendo de um perigo. Entretanto, isso só vai acontecer se a equipe for capaz de criar esse "clima" antes do início da brincadeira.

Para fechar com chave de ouro, o Monteiro Lobato poderá finalizar a atividade dizendo que, na verdade, a vitória só foi conquistada porque eles conseguiram convencer a cada um dos personagens de que a amizade entre eles era muito importante. Com isso, o monitor estará transferindo para os acampantes o poder de transformação da história.

Como dissemos inicialmente, a análise dessa atividade não tem a pretensão de ser uma fórmula para ensinar alguém a criar brincadeiras de acampamento. Ela pode ser vista como um modelo para elaboração de um tipo de atividade de grande porte, onde os objetivos do jogo estão definidos, as regras claras e o contexto bem delineado para atingir um determinado público.

O importante é que, a partir daí, você seja capaz de criar jogos mais sofisticados e brincadeiras e atividades melhores, que se adaptem à realidade de seu acampamento e sejam capazes de te ajudar a alcançar seus objetivos.

PARTE IV

APÓS O ACAMPAMENTO

O acampamento é uma atividade de lazer que promove uma grande integração entre os participantes, criando, muitas vezes, fortes e duradouros laços de amizade. Essa característica tão especial de um acampamento é algo que merece uma grande atenção.

Para muitas crianças, o ambiente amistoso do local pode ser uma sensação inédita e diferenciada do seu dia-a-dia em casa. Talvez o contato carinhoso que envolve as pessoas seja algo muito diferente da própria relação que possuem com seus familiares, principalmente seus pais.

Dessa forma, é muito natural que os acampantes se envolvam muito, do ponto de vista afetivo, com os monitores, com os novos amigos e com a própria estrutura física do local, sendo esses elementos responsáveis pela criação de uma sensação de bem-estar, esperança e confiança no futuro para essas crianças.

Todavia, se ao término do acampamento, rompemos definitivamente, ou não estimulamos, o contato entre o grupo, ao invés de gerarmos essa sensação de confiança, estaremos promovendo uma grande frustração nas crianças afetivamente mais carentes.

Assim, é muito importante que haja uma continuidade do trabalho, após o período do acampamento, através de encontros de confraternização e trocas de telefonemas e correspondências entre os acampantes e os monitores. Neste sentido, uma atividade sempre interessante é o "Dia do Reencontro", que pode ser uma festa ou um passeio ao zoológico, ao shopping, à lanchonete ou ao estádio de futebol. O importante não é o local e, sim, a oportunidade de reencontro e fortalecimento da amizade para aquele grupo. E, é claro, não podemos nos esquecer de convidar qualquer participante.

Devemos nos lembrar de que essa assessoria posterior precisa atingir também aos pais que, junto com as crianças, são os nossos clientes em potencial para as próximas temporadas.

Para satisfazer a esse grupo, um diferencial interessante é a "Ficha de Avaliação do Acampante", que se caracteriza como um questionário preenchido pelo monitor responsável e que deve traçar um quadro genérico do comportamento da criança no período do acampamento.

Quanto às cartas, vários são os modelos que podemos enviar aos acampantes. A primeira delas, e com um efeito muito positivo, é a mensagem de Feliz Aniversário. É impressionante como um simples "Parabéns pra você", mandado pela turma do acampamento se transforma em algo importante para o acampante.

Outro tipo de correspondência importante é o Boletim Informativo da Programação do Acampamento. Manter pais e acampantes informados sobre as futuras atividades é, não somente uma forma de deixá-los mais familiarizados com o acampamento, como também um meio de garantir público para os próximos eventos.

É certo que o cadastramento e a preparação de uma mala-direta requerem um trabalho árduo e eficiente, mas é certo também que, sem dúvida, são um grande investimento.

FICHA DE AVALIAÇÃO DO ACAMPANTE

NOME DO ACAMPANTE: _____

PERÍODO DO ACAMPAMENTO: ___/___/___ MONITOR(a): _____

ASPECTOS GERAIS

Participação nas atividades	( ) pequena	( ) regular	( ) boa	( ) ótima
Participação nos trabalhos coletivos	( ) pequena	( ) regular	( ) boa	( ) ótima
Integração com os colegas do chalé	( ) pequena	( ) regular	( ) boa	( ) ótima
Integração com demais acampantes	( ) pequena	( ) regular	( ) boa	( ) ótima
Integração com o monitor da cabana	( ) pequena	( ) regular	( ) boa	( ) ótima
Integração com os outros monitores	( ) pequena	( ) regular	( ) boa	( ) ótima
Aceitação pelo grupo	( ) pequena	( ) regular	( ) boa	( ) ótima
Higiene pessoal	( ) ruim	( ) regular	( ) boa	( ) ótima
Cuidado com os pertences	( ) pequeno	( ) regular	( ) bom	( ) ótimo
Respeito com o monitor da cabana	( ) ruim	( ) regular	( ) bom	( ) ótimo
Respeito aos outros monitores	( ) ruim	( ) regular	( ) bom	( ) ótimo
Respeito ao direito dos outros	( ) ruim	( ) regular	( ) bom	( ) ótimo
Respeito com o material dos outros	( ) ruim	( ) regular	( ) bom	( ) ótimo

PERFIL COMPORTAMENTAL

O acampante se mostrou responsável?	( ) não	( ) mais ou menos	( ) sim
O acampante era carinhoso com os colegas?			
	( ) não	( ) mais ou menos	( ) sim
O acampante era carinhoso com os monitores?			
	( ) não	( ) mais ou menos	( ) sim
Demonstrava medo do escuro?	( ) não	( ) mais ou menos	( ) sim
Demonstrou-se extrovertido?	( ) não	( ) mais ou menos	( ) sim
Demonstrava-se egoísta?	( ) não	( ) mais ou menos	( ) sim
Demonstrou insegurança?	( ) nunca	( ) às vezes	( ) sempre
Demonstrou agressividade?	( ) nunca	( ) às vezes	( ) sempre
Dizia sentir saudade de casa?	( ) nunca	( ) às vezes	( ) sempre

Observações diversas: _____

Apresentou algum problema de saúde que requereu cuidado médico ou medicação prescrita? Qual? _____

OBS.: Essa avaliação corresponde a uma verificação subjetiva dos monitores, a partir das observações diárias, e que não tem pretensão de tirar qualquer conclusão sobre o perfil psicológico da criança.

Qualquer dúvida, ou maiores informações, entrar em contato com os responsáveis pelo acampamento.

_____ _____
MONITOR **DIRETOR**

IMPRESSO POR
PROVO GRÁFICA
TEL.: (011)418-0522